AF453283

LES IDÉES

DE

MME AUBRAY

COMÉDIE

Représentée pour la première fois à Paris, sur le théâtre
du Gymnase-Dramatique, le 16 mars 1867.

LES IDÉES

DE

MME AUBRAY

COMÉDIE

EN QUATRE ACTES, EN PROSE

PAR

ALEXANDRE DUMAS FILS

PARIS

MICHEL LÉVY FRÈRES, LIBRAIRES ÉDITEURS

RUE VIVIENNE, 2 BIS, ET BOULEVARD DES ITALIENS, 15

A LA LIBRAIRIE NOUVELLE

—

1867

A CHÉRI MONTIGNY

C'est à toi, mon cher enfant, que je veux dédier cette comédie. Elle te revient de droit. Madame Aubray, c'est la foi, le dévouement et le sacrifice. C'est ce que fut ta mère.

Je t'embrasse.

A. Dumas fils.

PERSONNAGES.

BARANTIN...................	MM.	ARNAL.
CAMILLE..................		PIERRE BERTON.
VALMOREAU..............		POREL.
TELLIER.................		NERTANN.
JEANNINE................	Mmes	DELAPORTE.
MADAME AUBRAY...........		PASCA.
LUCIENNE................		BARATAUD.
GASTON.................		DEROUET.

La scène se passe à Saint-Valery-en-Caux, de nos jours.

———

S'adresser pour la mise en scène au Gymnase,
à M. Boisselot.

LES IDÉES

DE

MADAME AUBRAY

ACTE PREMIER.

Salon de musique, dans un Casino de bains de mer.

SCÈNE PREMIÈRE.

BARANTIN, VALMOREAU.

VALMOREAU, gaiement.

Je ne me trompe pas, comme on dit dans les comédies, c'est bien à M. Barantin que j'ai l'honneur de parler.

BARANTIN.

A lui-même, mauvais sujet.

VALMOREAU.

Vous arrivez ?

BARANTIN.

Et vous ?

VALMOREAU.

Moi, je suis ici depuis trois jours.

BARANTIN.

Moi, depuis quinze.

VALMOREAU.

Comment ne vous ai-je pas rencontré une seule fois?

BARANTIN.

J'habite sur la hauteur, à côté d'Étennemare, en pleine campagne, auprès d'un petit bois ravissant, et je ne suis presque pas
sorti depuis mon arrivée. Je travaille beaucoup.

VALMOREAU.

Vous venez aux bains de mer pour travailler?

BARANTIN.

Non, mais je travaille partout où je vais.

VALMOREAU.

Il faut bien se reposer, cependant.

BARANTIN.

Si je me repose maintenant, qu'est-ce que je ferai quand je
serai mort?

VALMOREAU.

Toujours des livres sérieux concernant l'industrie, le travail,
le progrès, l'économie politique?

BARANTIN.

Toujours.

VALMOREAU.

Je vois ça de temps en temps sur les murs. De grandes
affiches bleues; chez Didier, quai des Augustins, un gros
volume, sept francs. C'est raide. Et vous êtes seul ici?

BARANTIN.

Je suis avec des amis et avec ma fille.

VALMOREAU.

Vous avez une fille?

BARANTIN.

De quinze ans.

VALMOREAU.

Tiens, tiens, tiens! je vous croyais garçon.

BARANTIN.

Je suis père, ne vous déplaise.

VALMOREAU.

Vous êtes père! j'en suis fort aise! Madame Barantin est avec vous?

BARANTIN.

Madame Barantin est morte depuis plusieurs années déjà. Ma fille est ici avec une excellente amie qui a bien voulu se charger de l'élever, et qui l'élève bien.

VALMOREAU, d'un air indifférent.

Ah!

BARANTIN.

Pourquoi ce : *ah!*

VALMOREAU.

Je dis : ah! tout bonnement.

BARANTIN.

Et vous, coureur de coulisses, de clubs, de courses, lion, dandy?

VALMOREAU.

Cocodès; c'est comme ça que les gens qui s'ennuient appellent maintenant les gens qui s'amusent.

BARANTIN.

Eh bien, cocodès, qu'est-ce que vous êtes devenu, depuis la mort de votre tante?

VALMOREAU.

Je suis devenu plus riche.

BARANTIN.

Voilà tout?

VALMOREAU.

Malheureusement, c'était ma dernière parente.

BARANTIN.

Ainsi vous êtes seul au monde?

VALMOREAU.

Tout seul.

BARANTIN.

Et vous ne faites rien ?

VALMOREAU.

Rien.

BARANTIN.

Votre père travaillait cependant.

VALMOREAU.

Justement, pour que je ne travaille pas; sans ça, à quoi ser-
virait l'héritage ?

BARANTIN.

C'est juste. Et aucune idée de mariage ?

VALMOREAU.

Aucune! aucune! aucune! j'en suis même bien loin. Tel que
vous me voyez, je suis amoureux.

BARANTIN.

D'une personne qui est ici ?

VALMOREAU.

D'une personne qui est ici.

BARANTIN.

Soyez tranquille, je n'aurai pas l'air de vous voir quand je
vous rencontrerai avec elle.

VALMOREAU.

Mais vous ne nous rencontrerez pas ensemble, je ne la connais que de vue. Tiens! je vais même compter sur vous maintenant pour me renseigner.

BARANTIN.

Sur moi ?

VALMOREAU.

Ou sur vos amis; mais ce sont des gens sérieux, vos amis ?

BARANTIN.

Je leur ai confié ma fille.

VALMOREAU.

Ils ne doivent pas connaître cela. On appelle les gens sérieux, n'est-ce pas, les gens qui ne comprennent rien à l'amour ?

BARANTIN.

Tandis que vous...

VALMOREAU.

Tandis que, moi, je suis toujours amoureux; c'est mon unique occupation.

BARANTIN.

Et depuis quand avez-vous embrassé cette carrière ?

VALMOREAU.

Depuis que j'ai l'âge de raison.

BARANTIN.

Il n'y a pas longtemps alors ?

VALMOREAU.

J'ai commencé à dix-huit ans et j'en ai vingt-huit.

BARANTIN.

Et ça vous amuse encore ?

VALMOREAU.

Plus que jamais. Franchement, connaissez-vous une plus noble occupation que l'amour et plus digne de la grande destinée de l'homme? Qu'y a-t-il de mieux à faire de vingt à trente ans, et de trente ans à cinquante, et...?

BARANTIN.

Et de cinquante à cent, et ainsi de suite.

VALMOREAU.

Je me soucie de l'ambition et de la gloire comme de ce que pense le Grand Turc quand il est tout seul; mais une belle personne, jeune, souriante, blonde...

BARANTIN.

Blonde ?

VALMOREAU.

C'est indispensable; dans cette musique de l'amour, une blonde vaut deux noires. Une belle personne dont on ne soupçonnait pas l'existence, la veille, qu'on rencontre tout à coup, qu'on aime instantanément, parce que vous savez ou vous ne savez pas que l'amour est instantané; les gens qui croient qu'il vient peu à peu, comme la goutte ou la calvitie, sont dans une erreur profonde. On voit, on aime. Eh bien, rencontrer cette femme, lui dire qu'on l'adore, la convaincre, la voir sourire, et entendre enfin ces mots : « Trouvez-vous tel jour, à telle heure, à tel endroit; » ce jour, qui est ordinairement le soir même, la voir venir, cachée au fond d'une voiture, avec deux voiles sur le visage et se dire : « Là est une sensation nouvelle; » ce n'est donc pas intéressant? ça ne vaut donc pas mieux que la guerre, la politique ou le whist avec un mort ?

BARANTIN.

Et vous appelez ça l'amour ?

VALMOREAU.

Le vrai, le seul, l'unique amour; celui qui ne laisse ni regret ni remords.

BARANTIN.

Et après ?

VALMOREAU.

Après! on recommence avec une autre. Du nouveau, du nouveau, et toujours du nouveau.

BARANTIN.

Et quand on est vieux, malade, tout seul ?

VALMOREAU.

On geint et on se repent. Moi je suis sûr que je me repentirai, c'est si commode!

BARANTIN.

Et enfin ?

VALMOREAU.

Et enfin, on meurt après une vie gaie, au lieu de mourir après une vie triste comme font ceux qui donnent à ce monde plus d'importance qu'il n'en a.

BARANTIN.

Et quand on est mort ?

VALMOREAU.

C'est pour longtemps, dit la chanson.

BARANTIN.

En attendant, vous voilà amoureux pour la cinq cent vingtième fois, à une fois par semaine depuis dix ans.

VALMOREAU.

Oh! il y a des mortes saisons, et puis il y a des non-valeurs.

BARANTIN.

Et vous avez le doux espoir que la personne dont il s'agit est de celles à qui on peut dire au bout de huit jours...

VALMOREAU.

J'ai ce doux espoir.

BARANTIN.

Et il vous vient ?

VALMOREAU.

De certaines indications auxquelles un Parisien se trompe rarement.

BARANTIN.

Et qui sont?

VALMOREAU.

Cela vous intéresse, homme sérieux ?

BARANTIN.

Vous verrez pourquoi, plus tard.

VALMOREAU.

Eh bien, voici mon histoire avec miss Capulet.

BARANTIN.

Miss Capulet! est-ce qu'elle descend de la bien-aimée de Roméo?

VALMOREAU.

Par le balcon peut-être... Non, je l'appelle ainsi, ne connaissant pas son nom véritable, à cause d'un petit capulet bleu qu'elle porte presque toujours, et qui fait d'elle la plus gentille petite personne qu'on puisse imaginer. D'abord, elle a la ligne.

BARANTIN.

Vous dites?

VALMOREAU.

Je dis : elle a la ligne. Vous ne savez pas ce que c'est que la ligne? Vous n'avez donc jamais aimé, à votre âge?

BARANTIN.

Quel âge me donnez-vous?

VALMOREAU.

Soixante ans.

BARANTIN.

J'en ai quarante-neuf. Un homme de quarante-neuf ans qui en paraît soixante a plus aimé que vous n'aimerez jamais, jeune homme; seulement, il n'a aimé qu'une fois.

VALMOREAU.

Juste punition d'une fausse théorie.

BARANTIN.

Qu'est-ce que c'est que la ligne?

VALMOREAU.

Quand, même sans être peintre, en voyant passer une femme, il vous semble que d'un seul coup de crayon vous pourriez tracer sa silhouette, depuis le pompon de son chapeau jusqu'à la queue de sa robe, cette femme a la ligne. Qu'elle marche, qu'elle s'arrête, qu'elle rie, qu'elle pleure, qu'elle mange, qu'elle dorme, elle est toujours, sans y tâcher, dans les exigences du dessin. Surgit-il un coup de vent violent comme nous en avons

ici sur la plage, tandis que les autres femmes se sauvent, s'as-
soient, se serrent les unes contre les autres, mettent leurs mains
tout autour d'elles avec des mouvements ridicules et dans des
attitudes grotesques, — elle — continue son chemin sans faire un
pas plus vite qu'un autre. Le vent furieux l'enveloppe, l'enlace,
fait flotter sa jupe en avant, en arrière, à droite, à gauche, elle va
toujours, elle se connaît, elle n'a rien à craindre. Ce qui est
choc pour les autres est caresse pour elle, ce qui était plat devient
rond, ce qui était douteux devient évident; on est certain que les
pieds sont petits et que les jambes sont pures, voilà tout; ce sont
des femmes dont on peut devenir amoureux fou à cent pas de
distance, d'un bout à l'autre d'une rue, sans avoir vu leur
visage. Terribles créatures pour le commun des hommes, car
elles savent leur puissance, et, si vous laissez tomber votre cœur
sur leur chemin, elles marchent tranquillement dessus, pour ne
pas déranger la ligne.

BARANTIN.

Alors, cette fois, vous êtes en danger?

VALMOREAU.

Presque. Si elle résiste, j'en ai pour quinze jours.

BARANTIN.

Une non-valeur! et depuis quand êtes-vous amoureux?

VALMOREAU.

Amoureux sérieusement?

BARANTIN.

Oui.

VALMOREAU.

Depuis avant-hier, dix heures trois quarts.

BARANTIN.

Du matin?

VALMOREAU.

Du matin, et voici comment la chose est arrivée. Il faut vous
dire que les chemins de fer entrent pour beaucoup dans mes
combinaisons. Quand le printemps est venu, je prends mon sac

de nuit ou ma malle, selon la distance à parcourir, et je me
rends à la gare à l'heure du train express, tantôt à la gare de
l'Ouest, tantôt à celle du Nord, tantôt à celle de l'Est...

BARANTIN.

Tantôt à celle du Midi?

VALMOREAU.

Non, je garde le Midi pour l'hiver.

BARANTIN.

C'est juste, pardon.

VALMOREAU.

Je ne sais jamais en sortant de chez moi où je serai le soir,
cela dépend d'une voyageuse que je ne connais pas. Au milieu
de toutes ces femmes qui s'envolent vers une autre patrie, j'en
avise une; les jeunes filles exceptées bien entendu, elles sont
sacrées, celles-là.

BARANTIN.

Il faut les épouser.

VALMOREAU.

Comme vous dites. Si mon inconnue est seule, c'est rare, mais
cela n'en vaut que mieux; si elle a un mari, j'étudie le mari. La
destinée d'une femme est dans les traits de son mari. Si le mari
me va, je la regarde, tranchons le mot, je lui fais l'œil, vieux
moyen, éternellement bon pour commencer. Elle voit bien vite
l'émotion qu'elle me cause, et où va la belle je vais. Dès que je
puis lui parler, je lui apprends que sa seule vue m'a detourné
de ma route, que ma famille ne va pas savoir ce que je suis
devenu, que ma vie... C'est bête comme un tour de cartes, mais
ça réussit dix-neuf fois sur vingt, et ça me fournit d'avance un
prétexte pour m'en aller après.

BARANTIN.

C'est ingénieux, très-ingénieux.

VALMOREAU.

Or, l'autre jour, à la gare de l'Ouest, j'aperçois une dame
toute seule, avec une femme de chambre et un enfant.

BARANTIN.

Oh! un enfant!

VALMOREAU, continuant.

J'adore les enfants en ces circonstances : ça jase, ça fait les commissions, ça va se coucher de bonne heure. Les femmes disent que ça garantit ; les maris croient que ça surveille, c'est excellent.

BARANTIN.

C'est excellent, les enfants !

VALMOREAU.

Je vois mon inconnue qui prend ses billets au guichet du Havre, je prends ma première pour le Havre, vingt-cinq francs.

BARANTIN.

C'est raide.

VALMOREAU.

Oui ! tout cela est assez cher comme mise de fonds.

BARANTIN.

Sans compter les faux frais.

VALMOREAU.

Elle monte dans le compartiment des dames, je monte dans le compartiment à côté, me voilà bien tranquille. J'arrive au Havre...

BARANTIN.

Nous allons rentrer dans nos petits débours.

VALMOREAU.

Personne ! elle était descendue à je ne sais quelle station, comprenez-vous ? Alors, me voilà faisant tout le littoral.

BARANTIN.

Autre non-valeur.

VALMOREAU.

Autre non-valeur. Enfin j'arrive ici, et avant-hier à dix heures trois quarts, je vois mon inconnue qui sort de cette salle où nous sommes, où elle vient tous les jours jouer du piano, pas très-bien, pendant que les autres baigneurs déjeunent.

BARANTIN.

Et où en êtes-vous?

VALMOREAU.

Je ne puis pas dire que je suis très-avancé, elle n'a même pas eu l'air de me voir. L'aborder devant tout le monde, c'est difficile et un peu trop commis voyageur. Je me suis adressé à l'enfant pendant qu'il jouait avec d'autres bambins, et je lui ai demandé comment on l'appelle. Il m'a répondu : « Le prince Bleu. — Et votre maman? — La princesse Blanche. — Et le mari de votre maman? — Le prince Noir. »

BARANTIN.

L'enfant s'est moqué de vous.

VALMOREAU.

Galamment ; ce sont des réponses faites d'avance à des questions prévues. Alors, j'ai interrogé la femme de chambre.

BARANTIN.

C'est tout neuf, ça.

VALMOREAU.

La femme de chambre m'a dit : *Ich verstche nicht. Sprechen Sie deutsch?*

BARANTIN.

Traduction : « Je ne comprends pas. Parlez-vous allemand ? »

VALMOREAU.

Je lui ai répondu : *Ya.*

BARANTIN.

Voilà la conversation engagée.

VALMOREAU.

Attendez ; elle s'est levée et elle m'a dit : « Vous êtes bienheureux, monsieur de parler allemand ; moi, je n'en comprends pas une syllabe ; » et elle m'a planté là.

BARANTIN.

Et de deux ! Restait le propriétaire de la maison qu'elle habite.

VALMOREAU.

C'est Roussel, le baigneur. Elle est déjà descendue chez lui

l'année dernière ; elle le paye d'avance, il ne lui demande pas
autre chose. On l'appelle ici la dame de chez Roussel. Elle ne re-
çoit pas de lettres et elle ne parle à personne. Mystère ! mystère !

BARANTIN.

C'est là toute votre histoire ?

VALMOREAU.

Jusqu'à présent.

BARANTIN.

Vous n'avez plus rien à me conter ?

VALMOREAU.

Non.

BARANTIN.

Avez-vous cent francs sur vous ?

VALMOREAU.

Cent francs, oui.

BARANTIN.

Donnez-les-moi.

VALMOREAU, lui donnant les cent francs.

Tenez.

BARANTIN.

Cela ne vous gêne pas ?

VALMOREAU.

Non... Mais vous n'avez pas besoin de cent francs.

BARANTIN.

Aussi n'est-ce pas pour moi que je vous les demande ; voici
ce que c'est. Nous fondons en ce moment des écoles pour les
enfants pauvres, orphelins ou abandonnés, et nous avons besoin
de souscripteurs. Où les trouverons-nous, si ce n'est parmi les
gaillards comme vous, qui s'amusent tant et à qui l'argent vient
tout seul, pendant qu'ils suivent les femmes dans les gares ? Elle
est charmante, votre histoire ! Ce n'est pas pour en dire du mal,
mais elle vaut bien cent francs, surtout pour des pauvres diables
qui n'en auront jamais de pareilles à conter.

VALMOREAU.

On souscrit une fois pour toutes ?

BARANTIN.

Oui, rassurez-vous.

VALMOREAU.

Alors, ce n'est pas assez, mon maître ; inscrivez-moi pour cinq cents francs.

BARANTIN.

Pardieu! voilà qui est bien parlé. Décidément, il est rare qu'un homme d'esprit ne soit pas un homme de cœur. Et dire que, si les hommes dépensaient pour faire du bien aux autres le quart de ce qu'ils dépensent pour se faire du mal à eux-mêmes, la misère disparaîtrait du monde !

VALMOREAU.

Où demeurez-vous ici, pour que je vous porte le reste de ma souscription?

BARANTIN, voyant entrer madame Aubray.

Vous remettrez ce reste à madame.

SCÈNE II.

LES MÊMES, MADAME AUBRAY.

BARANTIN.

Chère amie, je vous présente un de nos nouveaux souscripteurs, M. Valmoreau, un souscripteur de cinq cents francs.

MADAME AUBRAY.

Voilà qui est magnifique, monsieur. (Elle lui tend la main.)

VALMOREAU.

Madame, c'est moi qui maintenant suis votre débiteur.

BARANTIN.

J'oubliais de vous prévenir qu'il va vous faire la cour.

MADAME AUBRAY.

Je ne demande pas mieux ; il y a si longtemps qu'on ne me la fait plus.

BARANTIN.

Mais je dois le prévenir aussi des dangers qu'il va courir.
Mon cher garçon, vous avez devant les yeux madame Aubray.

VALMOREAU, s'inclinant.

Ah !

BARANTIN.

Ça ne vous apprend pas grand'chose. Madame Aubray est
une honnête femme dans la plus grande et la plus noble accep-
tion du mot.

VALMOREAU.

Ah! madame, laissez-moi vous regarder, vous contempler,
vous admirer. J'adore les honnêtes femmes, parce que...

MADAME AUBRAY.

Il y a une raison ?

VALMOREAU.

Il y en a même deux. La première, c'est qu'on doit les ado-
rer, et la seconde, c'est qu'on peut dire tout ce qu'on veut devant
elles, elles rougissent bien moins que les autres.

MADAME AUBRAY.

C'est qu'elles ne comprennent peut-être pas tout ce qu'on
dit.

BARANTIN.

Il y a douze ans, je sortais d'une grande épreuve; je ne
rêvais que vengeance, meurtre, suicide. J'ai rencontré madame;
elle m'a appris la patience, le courage, le travail quand même.
De ma fille, qui n'avait plus de mère et que son père détestait
par moments, elle a fait sa fille à elle. Si je suis bon à quelque
chose, si je suis utile à quelqu'un, si je ris encore de temps en
temps, si j'ai pu plaisanter tout à l'heure avec vous, c'est à elle
que je le dois. Ce n'est pas une femme, c'est un ange.

MADAME AUBRAY.

Voyez comme Barantin résume simplement les choses!...
Quelle définition claire! Un ange! Ce n'est qu'un mot et ça dit
tout.

2

BARANTIN.

Oui, un ange... dont vous avez les qualités et les défauts.

VALMOREAU.

Quels sont les défauts des anges?

BARANTIN.

De ne pas être assez de ce monde; madame Aubray croit trop au bien.

VALMOREAU.

C'est abominable.

MADAME AUBRAY.

Vous déjeunez avec nous, monsieur; je veux vous expliquer ce que vos cinq cents francs vont devenir.

VALMOREAU.

Je suis à vos ordres, madame.

BARANTIN.

Du reste, il est dans un bon moment pour laisser exploiter sa bienfaisance, il est amoureux.

MADAME AUBRAY.

Bravo!

BARANTIN.

Et il compte sur vous pour avoir des renseignements.

MADAME AUBRAY.

Sur moi?

VALMOREAU.

Oh! madame.

MADAME AUBRAY.

Est-ce que je connais la personne?

BARANTIN.

Elle habite Saint-Valery. Il faut vous dire que ce garçon, qui est un charmant garçon du reste, est un des plus mauvais sujets qui existent. Il aime toutes les femmes.

MADAME AUBRAY.

Tant mieux! il faut aimer n'importe qui, n'importe quoi,
n'importe comment, pourvu qu'on aime.

VALMOREAU.

Parfait! Alors, madame, connaissez-vous une petite dame
blonde, qui a un enfant, une femme de chambre et un capulet
bleu?

MADAME AUBRAY.

Et qui vient jouer du piano ici tous les jours?

BARANTIN.

Pas très-bien.

MADAME AUBRAY.

Entre dix et onze heures?

VALMOREAU.

Justement.

MADAME AUBRAY.

Je vais la connaître probablement aujourd'hui; j'ai à la remercier d'une gracieuseté qu'elle vient de me faire. Elle jouait
hier un air tout à fait original, mon fils désirait avoir cet air,
j'ai prié le directeur du Casino de demander à cette dame où je
pourrais me le procurer; elle lui a répondu qu'il n'était pas
gravé, et elle vient de m'en faire remettre le manuscrit à l'instant. Je vais causer avec elle quand elle va venir, je me ren-
seignerai, et, si vous l'aimez...

VALMOREAU.

J'en suis fou.

BARANTIN.

Depuis hier, onze heures moins le quart.

MADAME AUBRAY.

L'heure n'y fait rien; n'est-ce pas, monsieur?

VALMOREAU.

Rien du tout.

MADAME AUBRAY.

Eh bien, puisque vous l'aimez, si elle est veuve, je vous présenterai à elle, et, si elle veut se remarier, vous l'épouserez.

VALMOREAU.

Oh! c'est beaucoup, tout ça.

MADAME AUBRAY.

Je ne puis pourtant pas faire moins. (A Camille et à Lucienne qui entrent.) D'où venez-vous?

SCÈNE III.

LES MÊMES, CAMILLE, LUCIENNE.

CAMILLE, embrassant madame Aubray d'un côté pendant que Lucienne embrasse Barantin.

Nous venons de nous baigner.

LUCIENNE, à son père.

J'ai été jusqu'au radeau.

BARANTIN, présentant Lucienne à Valmoreau.

Mademoiselle ma fille.

LUCIENNE, saluant.

Monsieur! — Bon! j'ai oublié mon bouvreuil dans ma cabine.

CAMILLE.

Tu le feras mourir, ton oiseau, à le promener toujours avec toi.

LUCIENNE.

Il faut bien qu'il prenne l'air de la mer, ce pauvre mignon. Il est très-bien dans sa petite cage. (Elle sort.)

SCÈNE IV.

LES MÊMES, hors LUCIENNE.

MADAME AUBRAY, présentant Camille à Valmoreau.

Mon fils, monsieur.

VALMOREAU.

Votre fils... d'adoption, madame.

MADAME AUBRAY.

Non pas; mon fils à moi, mon vrai fils... Cela vous étonne?

VALMOREAU.

Mais oui, madame; monsieur a au moins vingt ans.

CAMILLE.

Vingt-quatre.

VALMOREAU.

Mais alors... vous, madame?

MADAME AUBRAY.

Moi, j'en ai quarante-deux.

VALMOREAU.

Vous en paraissez bien vingt-cinq.

BARANTIN.

Voilà comme nous sommes ici, personne ne paraît son âge.

CAMILLE.

C'est que les âmes toujours pures font les visages toujours
jeunes; c'est que la vertu triomphe même du temps. J'aime à
entendre ce que vous venez de dire, monsieur, et je l'entends
souvent; je suis si fier de cette mère-là! On nous prend partout
pour le frère et la sœur, et, si ça continue, dans quelques années
on nous prendra pour le père et la fille. J'ai déjà l'air plus vieux
que toi. (Il lui baise les mains.) Tu vas bientôt me devoir le respect.

MADAME AUBRAY.

Mais je te respecte. N'es-tu pas le chef de la famille?

CAMILLE.

Et elle a si grand'peur d'être accusée de coquetterie, qu'elle fait tout ce qu'elle peut pour paraître vieille, cette vilaine maman. Comme elle se coiffe! Est-ce qu'une femme se coiffe ainsi, même quand ses cheveux sont à elle? (Il lui ébouriffe les cheveux.) Quelle différence tout de suite! Quand on nous rencontre bras dessus bras dessous dans la rue, on dit : « Oh! le joli petit ménage! » — Oh! l'adorable maman! (Il l'embrasse.)

VALMOREAU.

En voilà une famille!

BARANTIN.

Vous n'y êtes pas encore, vous en verrez bien d'autres.

VALMOREAU, à Barantin.

La voici.

BARANTIN.

Qui?

VALMOREAU.

Miss Capulet.

SCÈNE V.

LES MÊMES, JEANNINE, GASTON.

JEANNINE, à la porte, se penchant vers son fils et l'embrassant.

Tu aimes mieux aller jouer sur le galet avec Marguerite?

GASTON.

Oui, maman.

JEANNINE, lui donnant ses joujoux.

Eh bien, va. Attends que je t'arrange un peu, et prends garde de tomber. Ne cours pas. Marguerite, ne le quittez pas surtout. (Elle se retourne, et, voyant du monde, elle se dispose à s'éloigner.)

MADAME AUBRAY.

Ne vous éloignez pas à cause de nous, madame. C'est l'heure
où d'ordinaire cette salle est déserte et où vous pouvez étudier
à votre aise : nous allons nous retirer ; mais je vous attendais
pour vous remercier de ce manuscrit que vous m'avez si gra-
cieusement fait remettre. J'en prendrai copie, si vous le permettez.

JEANNINE.

Certainement, madame.

MADAME AUBRAY.

Et j'irai vous le reporter.

JEANNINE.

Ne prenez pas cette peine, madame. Quand vous n'en aurez
plus besoin, remettez-le tout simplement au directeur du Casino,
qui me le rendra à la première occasion. Du reste, madame, si
ces airs vous plaisent, j'en ai plusieurs, complétement inconnus
en France, que je vous prêterai avec le plus grand plaisir.

MADAME AUBRAY.

Ce sont des airs espagnols ?

JEANNINE.

Ce sont des airs basques.

VALMOREAU.

En connaissez-vous l'auteur, madame ?

JEANNINE.

Non, monsieur.

VALMOREAU.

Ce n'est pas le prince Noir ?

JEANNINE.

Non, monsieur, le prince Noir n'aime pas la musique.

MADAME AUBRAY.

Qu'est-ce que le prince Noir, sans indiscrétion ?

JEANNINE.

C'est une plaisanterie de mon petit garçon, à qui l'on demande quelquefois, sans raison, comment nous nous appelons, lui, son père et moi, et qui nous a baptisés, moi la princesse Blanche, lui le prince Bleu, et son père le prince Noir.

VALMOREAU.

Il a de l'esprit pour son âge.

JEANNINE.

On l'aide un peu.

MADAME AUBRAY.

Il a cinq ans ?

JEANNINE.

A peine.

MADAME AUBRAY.

Vous n'avez que cet enfant ?

JEANNINE.

Oui, madame.

MADAME AUBRAY.

Vous l'avez eu bien jeune ?

JEANNINE.

A dix-sept ans. (Camille s'éloigne.)

MADAME AUBRAY.

Comment vos parents vous ont-ils mariée si tôt ?

JEANNINE.

Nous n'avions pas de fortune.

MADAME AUBRAY.

Vous avez fait ce qu'on appelle un beau mariage ?

JEANNINE.

Oui, madame, justement.

MADAME AUBRAY.

Le petit commence-t-il à travailler ?

JEANNINE.

Il lit un peu.

MADAME AUBRAY.

C'est son père qui fera son éducation ?

JEANNINE.

Il n'a plus son père.

MADAME AUBRAY.

Vous êtes veuve ?

JEANNINE.

Oui, madame.

BARANTIN, sortant avec Valmoreau.

Elle a la ligne.

MADAME AUBRAY.

Veuve ! Pas depuis longtemps ?

JEANNINE.

Depuis deux ans.

MADAME AUBRAY.

Comme moi.

JEANNINE.

Comme vous, madame ?

MADAME AUBRAY.

Je veux dire comme je l'ai été moi-même. Je suis restée
veuve à l'âge que vous avez, dans les mêmes conditions que vous,
avec un fils. Cette similitude dans nos situations vous explique-
rait ma sympathie et ma curiosité, si cette sympathie et cette
curiosité n'avaient pour excuse l'intérêt que les enfants doivent
toujours inspirer à toute femme qui est mère. La maternité est
une mission si difficile, surtout quand le père n'est plus là, que
nous nous devons appui et conseil les unes aux autres. Avez-
vous de la famille au moins ?

JEANNINE.

Non, madame, mes parents sont morts.

MADAME AUBRAY.

Et du côté de votre mari ?

JEANNINE.

Personne.

MADAME AUBRA .

Toute seule, alors ?

JEANNINE.

Toute seule.

MADAME AUBRAY.

C'est triste.

JEANNINE.

Mon enfant m'occupe beaucoup.

MADAME AUBRAY.

Vous ne songez pas à vous remarier?

JEANNINE.

Non, madame.

MADAME AUBRAY.

Vous vous consacrerez entièrement à votre fils .

JEANNINE.   .

C'est mon intention.

MADAME AUBRAY.

Voilà qui est bien.

JEANNINE.

Vous ne vous êtes pas remariée non plus, vous, madame?

MADAME AUBRAY.

Non; mais, moi, j'ai à ce sujet des idées un peu absolues et que je n'impose à personne. A mon sens, il n'y a pas de place dans la vie d'une femme pour deux amours. Ce qu'une femme qui se respecte a dit à un homme qu'elle aimait, dans l'intimité de son cœur, elle ne doit plus jamais le dire à un autre. Si l'homme qu'elle aimait et qu'elle avait juré d'aimer toujours, meurt, elle doit tenir son serment encore en universalisant cet amour qui a perdu son objet palpable, en le partageant à tous ceux qui souffrent et qui ont besoin d'être aimés; ceux-là ne manquent pas et les morts n'en sont pas jaloux.

JEANNINE.

Remplacer l'amour par la charité ?

MADAME AUBRAY.

Oui.

JEANNINE.

Être une sainte autrement dit, ce n'est facile qu'à vous, madame, que tout le monde admire, aime et vénère.

MADAME AUBRAY.

Qui vous a parlé de moi ainsi ?

JEANNINE.

Tout le monde. Aussi, je suis très-heureuse et très-fière de l'intérêt que vous voulez bien prendre à moi.

MADAME AUBRAY.

Et que vous méritez, j'en suis convaincue. Acceptez-le donc, comme je vous l'offre. D'abord, je serais votre mère, puisque j'ai un fils de deux ans plus âgé que vous; ensuite la situation où vous vous trouvez et qui est identique à celle où je me trouvais il y a vingt ans; enfin l'expérience que m'a donnée l'éducation de mon fils, faite par moi seule, tout cela me met en droit, me fait un devoir de vous questionner et de vous conseiller, puisque le hasard nous rapproche. Oh! je sais quels dangers, quelles luttes, quelles défaillances, quelles suppositions attendent une jeune femme, restée seule au milieu de notre société moderne. Aussi me suis-je promis de faire, en toutes circonstances, bénéficier notre pauvre sexe de ce que la vie m'a appris, de ce que m'a révélé le meilleur et le plus juste des hommes, qui avait mille fois plus que moi l'amour du bien et l'intelligence pour l'accomplir.

JEANNINE.

Sa mort a dû être pour vous, madame, une bien grande douleur.

MADAME AUBRAY.

Très-grande; mais le malheur, en doublant les devoirs,

double les forces. Et puis nous nous étions souvent entretenus de la mort comme du fait le plus probable, le plus certain de la vie. Il m'avait fortifiée d'avance contre ce fait qu'il pressentait devoir être prochain, et il m'avait là-dessus, comme sur toutes choses, fait partager ses idées. Il y a, dans les légendes et les contes de fées, des personnages, invisibles pour tout le monde, visibles pour une seule personne qui possède un certain talisman. Rien de surnaturel dans ces légendes, ou plutôt dans ces symboles. Ce talisman, c'est l'amour, sur lequel la mort elle-même n'a pas de prise. Oui, matériellement, mon époux a disparu de ce monde ; je ne puis plus voir son visage, je ne puis plus toucher sa main, mais son âme a passé dans tout ce qui m'entoure, dans tout ce que j'aime, dans tout ce qui est bien. Il assiste à toutes mes actions, il commande à toutes mes pensées. C'est lui qui vous parle en ce moment, il est assis à côté de moi, je le vois, je l'entends, je le sens, et, si jamais mon esprit venait à douter de cette présence incessante, je n'aurais besoin pour y croire que de regarder son fils, sa vivante image.

JEANNINE.

Oh ! madame, vous ne sauriez croire comme c'est doux et facile de causer avec vous ! (Après un petit temps.) Alors, monsieur votre fils ressemble à son père ?

MADAME AUBRAY.

C'est lui-même.

JEANNINE.

Vous devez bien vous aimer tous les deux ?

MADAME AUBRAY.

Il croit aveuglément en moi, je crois aveuglément en lui, nous n'avons pas de secrets l'un pour l'autre.

JEANNINE.

Les jeunes gens ne sont-ils pas forcés d'avoir certains secrets pour leur mère ?

MADAME AUBRAY.

C'est selon comment ils ont été élevés. C'est de l'amour que

vous voulez parler ; il entend sérieusement l'amour. Il ne donnera son cœur qu'une fois et ne le reprendra plus.

JEANNINE.

Vous êtes une mère bien heureuse.

MADAME AUBRAY.

Oui, mais toutes les mères pourraient être aussi heureuses
que moi. C'est bien simple : vous verrez. Vous me plaisez beaucoup, je vous ai observée souvent sur la plage sans que vous
pussiez soupçonner que je vous regardais ; vous contempliez la
mer pendant des heures, suivant une même pensée que le flot
berçait pour ainsi dire sous vos yeux ; puis vous embrassiez tout
à coup votre enfant, et vous vous mettiez à courir avec lui,
comme si vous étiez un enfant vous-même, ou comme si vous
vouliez vous étourdir, oublier un chagrin.

JEANNINE.

C'est vrai.

MADAME AUBRAY.

Êtes-vous encore pour longtemps aux bains de mer?

JEANNINE.

Tant qu'il fera beau.

MADAME AUBRAY.

Nous nous reverrons, alors. — Qu'est-ce que vous faites ce
soir ?

JEANNINE.

Rien, madame.

MADAME AUBRAY.

Le temps est superbe, venez passer la soirée avec nous, au
pavillon d'Étennemare, là, sur la hauteur. J'aurai quelques personnes, on fera de la musique, vous ne vous ennuierez pas trop.

JEANNINE.

Chez vous, madame? Mais je craindrais....

MADAME AUBRAY.

Quoi?

JEANNINE.

De laisser mon petit garçon aux soins d'une femme de chambre.

MADAME AUBRAY.

Amenez-le, il jouera avec Lucienne; elle a quinze ans, mais elle joue volontiers à la poupée.

JEANNINE.

Il s'endort de très-bonne heure...

MADAME AUBRAY.

Nous le laisserons s'endormir, et quelqu'un de ces messieurs vous le rapportera tout endormi.

JEANNINE.

Merci, madame.

MADAME AUBRAY.

Merci, oui?

JEANNINE.

Merci, oui.

MADAME AUBRAY, voyant entrer Gaston, qui court à sa mère.

Voici notre petit invité.

SCÈNE VI.

LES MÊMES, GASTON.

MADAME AUBRAY.

N'est-ce pas, monsieur, que vous voulez bien venir passer la soirée chez moi, avec votre maman?

JEANNINE.

Dis: « Oui, madame. »

GASTON.

Oui, madame.

JEANNINE.

Embrasse madame. (Gaston embrasse madame Aubray sans cesser de regarder sa mère, à laquelle il revient tout de suite.)

MADAME AUBRAY.

A huit heures.

GASTON.

Est-ce qu'il y aura des enfants?

MADAME AUBRAY.

Oui.

GASTON.

Des petits garçons ou des petites filles?

MADAME AUBRAY.

Des petites filles.

GASTON.

Tant mieux ! je n'aime pas les petits garçons.

MADAME AUBRAY.

Il est charmant. (Elle sort.)

SCÈNE VII.

JEANNINE, GASTON.

GASTON, à Jeannine, qui se dirige vers le piano

C'est ça, jouons du piano.

JEANNINE.

Ça t'amuse?

GASTON.

Beaucoup. (Jeannine commence à jouer du piano.)

SCÈNE VIII.

LES MÊMES, CAMILLE.

CAMILLE.

Pardon, madame, je viens chercher la musique que vous avez
bien voulu prêter à ma mère et qu'elle a oubliée ici.

JEANNINE, retrouvant la musique sur le piano.

La voici, monsieur.

CAMILLE.

Ma mère m'a dit que vous nous feriez l'honneur de venir
passer la soirée avec nous.

JEANNINE.

En effet.

CAMILLE.

Votre maison est un peu éloignée de la nôtre, les jours commencent à diminuer, voulez-vous me permettre de venir vous chercher, madame?

JEANNINE.

Merci, monsieur, je ne suis pas peureuse de si bonne heure.

CAMILLE.

Alors, madame, laissez-moi embrasser cet enfant; car je suis si content, que j'ai besoin d'embrasser quelqu'un.

JEANNINE.

Et pourquoi êtes-vous si content, monsieur?

CAMILLE, tenant Gaston dans ses bras.

Parce que je viens d'apprendre une bonne nouvelle de la bouche de ma mère, qui ne saurait mentir, et à qui on ne ment pas; parce que, depuis un an, j'avais un secret que je ne pouvais dire à personne, et que, grâce à cette nouvelle, je vais pouvoir le dire.

JEANNINE.

Prenez garde, monsieur, il ne faut pas trop se hâter de dire ses secrets.

CAMILLE.

C'est selon à qui. (Il dépose l'enfant à terre.) A ce soir, madame.

JEANNINE.

A ce soir, monsieur. (Camille sort.)

SCÈNE IX.

GASTON, JEANNINE.

JEANNINE, en jouant du piano.

« Il donnera son cœur et ne le reprendra plus. — Il n'a pas de secrets pour moi. » — Toutes les mères sont les mêmes. — J'ai

un secret depuis un an. — Si elle l'avait entendu ! — On le connaît, votre secret, monsieur Camille. — Il est revenu. Moi aussi !
Qu'est-ce que je veux ? Tout cela est absurde, mais c'est charmant, et cela ne fait de mal à personne. — Ah ! que cette femme
m'a émue ! A ce soir !... Non, madame, je n'irai pas chez vous.
Ah ! (Elle secoue la tête et joue un air gai.)

GASTON.

Veux-tu que nous dansions, maman ?

SCÈNE X.

LES MÊMES, TELLIER.

TELLIER, adossé extérieurement à la fenêtre ouverte et cachant
son visage derrière le journal qu'il fait semblant de lire.

Jeannine.

JEANNINE, se levant.

Vous ici !

TELLIER.

Ne bougez pas. Il ne faut pas qu'on me voie vous parler, je
suis connu de madame Aubray et de son fils. Attendez-moi de
huit à neuf heures.

JEANNINE.

C'est bien, je vous attendrai. (Tellier s'éloigne.)

GASTON, qui se rapproche de sa mère.

Maman, qu'est-ce que c'est que ce monsieur ?

JEANNINE, avec tristesse.

C'est le prince Noir, mon enfant.

FIN DU PREMIER ACTE.

ACTE DEUXIÈME.

SCÈNE PREMIÈRE.

CAMILLE, LUCIENNE.

LUCIENNE.

Je te cherchais.

CAMILLE.

Qu'est-ce que tu me veux ?

LUCIENNE.

Tu es de mauvaise humeur.

CAMILLE.

Avec toi, es-tu folle ? Seulement, je pensais à mon travail.

LUCIENNE.

Je voulais te montrer mon bouvreuil.

CAMILLE.

Qu'est-ce qu'il lui arrive ?

LUCIENNE.

Il ne va pas bien... Vois comme il ferme les yeux, et puis il
tremble.

CAMILLE.

Dame ! tu le portes partout avec toi et tu le secoues tant que

tu peux. Il faudrait d'abord le laisser tranquille. Et puis qu'est-
ce que tu lui donnes à manger?

LUCIENNE.

Du jaune d'œuf battu avec du lait.

CAMILLE.

Ce n'est pas ça du tout.

LUCIENNE.

Quoi, alors?

CAMILLE.

Donne-lui du cœur de bœuf et, dans quelque temps, du chè-
névis et des baies d'aubier.

LUCIENNE.

Il ne mourra pas, tu es sûr?

CAMILLE.

Il vivra parfaitement. Il chantera, il sifflera, il parlera. C'est
le plus amusant de tous les oiseaux; seulement, il est de cette
année et il faut des précautions.

LUCIENNE.

Aura-t-il des petits?

CAMILLE.

Certainement.

LUCIENNE.

Quand ça?

CAMILLE.

L'année prochaine.

LUCIENNE.

Ce pauvre chéri, comme il me regarde!

CAMILLE.

Il te connaît déjà?

LUCIENNE.

Certainement, il me connaît.

CAMILLE.

Et il t'aime?

LUCIENNE.

Il m'aimera parce que je l'aimerai bien.

CAMILLE.

Comment l'aimeras-tu ?

LUCIENNE.

Comme on aime. Il n'y a pas deux manières d'aimer.

CAMILLE.

Tu n'aimes pourtant pas ton bouvreuil comme tu aimes ton père, ma mère ou moi.

LUCIENNE.

Je ne l'aime pas autant, voilà tout.

CAMILLE.

Pourquoi?

LUCIENNE.

Parce que je pourrais avoir beaucoup d'autres oiseaux comme lui, et que je ne peux avoir qu'un père comme le mien, une tutrice comme ta mère et un mari comme toi, puisque tu dois être mon mari. Cependant, il me semble que le sentiment que j'éprouve pour vous quatre est de la même nature. Seulement, j'ai besoin de vous et il a besoin de moi, et je l'aime un peu comme vous m'aimez. Tu vois que c'est toujours la même chose.

CAMILLE.

Mais, s'il fallait le tuer pour nous sauver la vie, à ton père, à maman ou à moi, qu'est-ce que tu ferais?

LUCIENNE.

Ça ne peut pas arriver.

CAMILLE.

Supposons!... s'il le fallait?

LUCIENNE.

Ce serait affreux, pauvre petite bête! Je l'embrasserais bien, je lui demanderais pardon, je pleurerais beaucoup, et puis je le

tuerais tout doucement, tout doucement. Il saurait bien après
que ce n'était pas pour lui faire du mal.

CAMILLE.

Après, il ne le saurait pas, puisqu'il serait mort et qu'il ne
resterait rien de lui.

LUCIENNE.

Et son âme?

CAMILLE.

Les oiseaux n'en ont pas, tu le sais bien.

LUCIENNE.

Ils ne chanteraient pas s'ils n'avaient pas d'âme.

CAMILLE.

Tu es un bijou, va soigner ton oiseau.

LUCIENNE.

Où est donc maman?

CAMILLE.

Elle est allée savoir des nouvelles de cette dame qui devait
venir hier au soir et qui n'est pas venue. Elle craint qu'elle ne
soit indisposée.

LUCIENNE, courant à son père qui entre.

Monsieur mon petit père, j'ai l'honneur de vous dire que je
vous adore. (Elle l'embrasse et sort.)

SCÈNE II.

BARANTIN, CAMILLE.

BARANTIN.

Toujours la même.

CAMILLE.

Toujours. Elle a six ans.

BARANTIN.

Tant mieux.

CAMILLE.

Peut-être.

BARANTIN.

Tu aimerais mieux qu'elle en eût trente.

CAMILLE.

Trente, non, mais vingt.

BARANTIN.

Autrement dit, tu commences à trouver le temps un peu
long, ou à ne plus voir en Lucienne la femme que tu dois
épouser un jour. Tu sais que, malgré nos projets, tu restes toujours maître de ton cœur comme de ta pensée et que tu t'appar-
tiens toujours. Ce n'est pas moi qui conseillerai jamais un mariage qui ne sera pas absolument l'union de deux sympathies
bien déterminées. Mieux vaut rester garçon et mourir dans un
coin, entre sa bonne et son portier, que d'avoir traîné toute sa vie
la chaîne de l'incompatibilité des caractères. C'est ta mère qui a
élevé Lucienne et qui l'a élevée dans l'idée d'en faire ta femme.
Tant pis pour Lucienne et pour moi si cela ne se réalise pas,
mais la liberté avant tout. Tu n'es engagé à rien. Du reste, tu as
encore trois ou quatre ans devant toi, à moins que tu n'aimes
quelqu'un...

CAMILLE.

Qui sait?

BARANTIN.

Moi, je le sais. Tu es amoureux.

CAMILLE.

Vous en êtes sûr ?

BARANTIN.

Tu es amoureux depuis un an, depuis que tu es venu
seul ici.

CAMILLE.

Et vous connaissez la personne que j'aime ?...

BARANTIN.

Non; seulement, aux agitations, aux distractions, aux iné-
galités d'humeur auxquelles tu es soumis depuis l'été dernier,
je suppose et je parierais que cet amour n'est pas filé d'or et de
soie, et qu'il y a un peu de coton dedans.

CAMILLE.

Vous vous moquez.

BARANTIN.

Dieu me garde de me moquer de l'amour. Ça rit, ça mord et
ça tue! Heureusement, à ton âge, ce n'est pas une grosse affaire.

CAMILLE.

Vous vous trompez.

BARANTIN.

Alors, comment ta mère n'est-elle pas au courant de tout,
elle qui prétend que tu ne lui caches rien?

CAMILLE.

Je ne savais pas encore s'il était nécessaire de lui apprendre...

BARANTIN.

Et puis, c'est peut-être un de ces amours qui ne regardent
pas les mères.

CAMILLE.

C'est l'amour le plus involontaire et le plus chaste en même
temps. Si ma mère n'a pas reçu ma confidence, c'est que j'ignore
si je suis aimé et qu'hier encore j'ignorais si la personne que
j'aime était libre.

BARANTIN.

Et aujourd'hui?

CAMILLE.

Je sais qu'elle l'est; mais je doute qu'elle m'aime, car elle
pouvait me donner, sinon une preuve d'amour, du moins une
marque de sympathie, et elle ne l'a pas fait.

BARANTIN.

Elle est donc ici?

CAMILLE.

Oui.

BARANTIN.

Tu caches bien ton jeu ; on ne te voit parler à aucune femme.

CAMILLE.

Je ne lui ai adressé la parole que deux fois : une fois, l'année dernière, le 11 septembre...

BARANTIN.

Le 11 septembre... Quel bel âge !

CAMILLE.

Et une fois cette année.

BARANTIN.

A quelle date ?

CAMILLE.

Hier.

BARANTIN.

Et tu ne lui as pas encore dit que tu l'aimais ?

CAMILLE.

Tant que j'ai cru qu'elle n'était pas libre, je n'ai pas voulu quand j'ai su qu'elle l'était, je n'ai pas osé.

BARANTIN.

Alors, elle ne se doute de rien ?

CAMILLE.

Oh ! elle a deviné !

BARANTIN.

C'est de l'amour platonique.

CAMILLE.

C'est mon amour à moi.

BARANTIN.

Prends garde !

CAMILLE.

A qui?

BARANTIN.

A toi : en amour, le plus grand ennemi qu'on puisse avoir,
c'est soi-même. L'éducation que ta mère t'a donnée poétise tout
dans ton esprit et ne te fait plus voir qu'à travers ton cœur bien
des choses qui ne sont rien moins que poétiques. Ne prends pas
les lanternes pour des étoiles, et ce qui s'éteint le matin pour
ce qui brûle toujours. Sans être tout à fait un M. Valmoreau,
qui a peut-être un peu trop simplifié l'amour, il ne faut pas
non plus livrer à l'amour toute sa pensée et toute sa vie. Il ne
faut pas surtout exiger de lui plus qu'il ne peut donner. C'est
le printemps, ce n'est pas l'année tout entière ; c'est la fleur,
ce n'est pas le fruit. Rappelle-toi qu'il y a des jouissances supé-
rieures à celles-là, et donne ou plutôt conserve la première
place au travail qui crée définitivement, qui ne trompe jamais, lui, et qui sert à tout le monde. Voilà pourquoi j'aurais
voulu et je voudrais encore te voir épouser Lucienne. Elle sera
de ces femmes qui laissent à leur mari l'intelligence nette et
l'imagination calme. Là est toute la vérité dans le mariage, du
moins pour des hommes comme toi.

CAMILLE.

Est-ce ainsi que vous avez aimé?

BARANTIN.

Non ; mais raison de plus pour que tu profites de mon expérience.

CAMILLE.

Et qui vous dit que, dans ma pensée, je n'associe pas le travail et la famille à la personne que j'aime? Me croyez-vous ca-
pable d'être préoccupé, pendant un an, d'un sentiment qui ne
doive pas être éternel? Jusqu'ici, le travail a été mon maître, et
par lui seul et pour lui seul j'ai contenu ma jeunesse. Mais
enfin j'ai vingt-quatre ans, je suis un homme, je suis dans
toute ma force et dans toute ma virilité, j'aspire à des sensations nouvelles, j'ai besoin de me retrouver dans un autre que

moi; j'aime, enfin. Si je ne suis pas aimé, comme je commence
à le croire, je souffrirai, je me débattrai, je crierai; mais aussi
je vivrai, et il sera temps alors de revenir demander au travail la réparation du mal qu'il n'aura pas su prévenir.

BARANTIN.

Veux-tu que je te le dise? tu as parfaitement raison; va, mon
garçon, rêve un idéal, fais des sonnets à la lune, passe les nuits
à regarder à une fenêtre et les jours à suivre une jupe; chante,
ris, pleure, frappe-toi la tête contre les murs, maudis le sort et
Dieu; déchire-toi la poitrine pour un mot et tombe à genoux
pour un regard, c'est de ton âge, et je donnerais toute mon expérience et bien autre chose encore pour pouvoir en faire autant. As-tu terminé ton rapport pour la commission?

CAMILLE.

J'ai travaillé toute la nuit.

BARANTIN.

Tu ne t'es pas couché?

CAMILLE.

Non.

BARANTIN.

C'est sérieux, décidément. Tâche d'avoir fini aujourd'hui.

CAMILLE.

J'en ai pour deux heures... Tout ce que je vous ai dit reste
entre nous.

BARANTIN.

Sois tranquille.

SCÈNE III.

LES MÊMES, MADAME AUBRAY.

CAMILLE, à sa mère.

Eh bien, cette dame?

MADAME AUBRAY.

Elle était sortie; on m'a dit chez elle qu'elle n'avait pu venir

parce qu'elle avait eu du monde hier, mais qu'elle compte
venir s'excuser aujourd'hui...

CAMILLE.

Je vais me remettre à l'ouvrage.

BARANTIN.

Et moi...

MADAME AUBRAY.

Et vous, vous allez rester là un moment, j'ai à vous parler.
(Camille a débarrassé sa mère de son châle et de son chapeau. Il sort.)

SCÈNE IV.

BARANTIN, MADAME AUBRAY.

BARANTIN.

Qu'est-ce qu'il y a?

MADAME AUBRAY.

J'ai vu votre femme.

BARANTIN.

Ma femme! quand cela?

MADAME AUBRAY.

Aujourd'hui. Elle est arrivée dans la nuit, exprès pour me
parler.

BARANTIN.

Et elle est repartie, j'espère bien?

MADAME AUBRAY.

Immédiatement après notre conversation.

BARANTIN.

Elle voulait?

MADAME AUBRAY.

Me demander d'être son interprète.

BARANTIN.

Auprès de qui ?

MADAME AUBRAY.

Auprès de vous.

BARANTIN.

A quel propos ?

MADAME AUBRAY.

Elle est très-malheureuse.

BARANTIN.

Et après ?

MADAME AUBRAY.

Elle implore votre pardon.

BARANTIN.

Après ?

MADAME AUBRAY.

Elle demande que vous la repreniez.

BARANTIN.

C'est tout ?

MADAME AUBRAY.

C'est tout.

BARANTIN.

Et vous lui avez répondu ?

MADAME AUBRAY.

Que j'obtiendrais ce qu'elle demande.

BARANTIN.

De moi ?

MADAME AUBRAY.

Naturellement.

BARANTIN.

Je suis curieux de voir comment vous allez vous y prendre.

MADAME AUBRAY.

Très-simplement. Ne m'avez-vous pas dit cent fois, ne me
disiez-vous pas encore hier que vous me devez beaucoup et

que vous seriez heureux de me donner une preuve de votre gratitude et de votre amitié? Eh bien, cette preuve, donnez-la-moi en pardonnant à madame Barantin.

BARANTIN.

Vous savez aussi bien que moi ce qu'elle a fait, cette femme.

MADAME AUBRAY.

Je sais qu'elle souffre, qu'elle se repent, que vous êtes un homme, que vous avez pour vous le droit, la justice et la force; que vous valez mieux qu'elle, et que votre devoir est de pardonner.

BARANTIN.

Je l'ai prise sans fortune.

MADAME AUBRAY.

Vous avez eu raison.

BARANTIN.

Je l'ai aimée, respectée, élevée autant que j'ai pu.

MADAME AUBRAY.

C'était votre devoir.

BARANTIN.

J'ai travaillé pour la faire riche et heureuse.

MADAME AUBRAY.

Travailler pour ceux qu'on aime, ce n'est pas travailler.

BARANTIN.

Elle m'a trompé lâchement.

MADAME AUBRAY.

Quand on trompe, on trompe toujours comme ça... Après?

BARANTIN.

Après? Je l'ai chassée comme elle méritait de l'être, et vous avez vu dans quel état j'étais; car je l'adorais cette misérable!... Sans vous, je ne sais pas ce que je serais devenu... Je me serais tué, ou j'aurais commis un crime plus grand peut-être.

MADAME AUBRAY.

Il n'y en a pas de plus grand. C'est donc moi qui vous ai sauvé. J'ai donc su ce qu'il vous fallait alors. Pourquoi ne le saurais-je pas encore aujourd'hui ?

BARANTIN.

Aujourd'hui, je n'ai plus besoin de rien.

MADAME AUBRAY.

C'est-à-dire qu'alors c'était vous qui souffriez, et qu'aujourd'hui c'est un autre ; que, pour vous guérir, il ne fallait que de la volonté, et que, pour faire ce que je vous demande, il faut de l'abnégation. Jadis, vous n'aviez à vaincre que votre douleur ; aujourd'hui, il vous faudrait vaincre votre orgueil ; c'est plus difficile, j'en conviens.

BARANTIN.

Donnez-moi une raison.

MADAME AUBRAY.

Elle est la mère de votre fille.

BARANTIN.

Elle a perdu ce titre le jour où elle a abandonné Lucienne. Je suis très-doux, ma chère amie, vous le savez ; mais, au fond, je suis très-ferme. Bonhomme ; mais homme ! Eh bien, qu'on pardonne à la femme qui trahit son époux, — passe encore ; qu'on pardonne à la mère qui abandonne son enfant, non ! Jusqu'à ce qu'elle soit mère, la femme peut errer, elle peut ignorer où réside le véritable amour et le chercher à tort et à travers ; à partir de l'heure où elle a un enfant, elle sait à quoi s'en tenir. Si elle se soustrait à cet amour-là, elle est décidément sans cœur ; car c'est le plus grand, le plus pur, — le plus facile des amours humains. Je m'étonne donc qu'une mère comme vous prenne la défense d'une mère comme elle ; mais les femmes, même les plus irréprochables, trouvent toujours une excuse à ces poétiques lâchetés de l'amour. C'est si intéressant, une femme qui aime ! elle a de si bonnes raisons ! Que voulez-vous ! son mari n'était pas ce qu'elle avait rêvé ; et, pendant que ce pauvre

honnête homme, qui a le tort de n'être pas assez blond ou assez
brun, qui a les pieds trop gros ou le nez trop long, travaille
pour nourrir et pour parer cette dame, elle va se jeter dans
les bras de son idéal, quelque bellâtre bien mis, qui veut aimer
gratis et qui la plante là quand elle est vieille. Alors, la femme
délaissée, compromise, solitaire, se souvient qu'elle avait un
mari, un enfant, une famille, que tout ça doit être quelque part,
et elle revient en disant : «A propos, je me repens, vous savez ;
pardonnez-moi ! » Trop tard, madame, je ne vous connais plus ;
si la solitude vous pèse, prenez un autre amant et laissez-moi la
paix.

MADAME AUBRAY.

Et si elle prend un autre amant ?

BARANTIN.

Ça lui en fera deux, et, si elle en prend encore un, ça lui en
fera trois. Celui qu'il ne faut pas prendre, c'est le premier ; les
autres ne signifient plus rien. Pas de premier, pas de second.

MADAME AUBRAY.

Ce sont là les raisonnements d'un homme, et non ceux d'un
chrétien.

BARANTIN.

Je suis un mauvais chrétien, voilà tout.

MADAME AUBRAY.

Barantin ! Pourquoi faites-vous le bien, alors ?

BARANTIN.

Par raison. Je vois des innocents qui souffrent, cela me paraît injuste et je leur tends la main. Quant aux coupables, aux
méchants, aux ingrats, qu'ils se tirent d'affaire comme ils vou-
dront, ça ne me regarde pas.

MADAME AUBRAY.

D'abord, il n'y a pas de coupables, il n'y a pas de méchants,
il n'y a pas d'ingrats ; il y a des malades, des aveugles et des
fous. Quand on fait le mal, ce n'est pas par préméditation, c'est
par entraînement. On croit que la route est plus agréable à gauche

qu'à droite; on prend à gauche, et, quand on est dans les ronces
ou dans la fange, on appelle au secours, et le devoir de celui
qui est dans le bon chemin est de se dévouer pour sauver l'autre.

BARANTIN.

Disons ces choses-là, ça fait très-bien; mais contentons-nous
de les dire.

MADAME AUBRAY.

Pardon, mon cher Barantin, mais, jusqu'à ce jour, j'ai fait
comme j'ai dit.

BARANTIN.

Chère amie, vous êtes le plus admirable exemple de vertu et
de charité qu'on puisse offrir aux hommes et surtout aux
femmes; personne ne le sait mieux que moi, et je proclame que
vous êtes une sainte quand je ne crie pas que vous êtes un ange;
mais avec tout cela vous êtes dans le faux. Savez-vous quels ré-
sultats vous obtenez, entre autres?...

MADAME AUBRAY.

Dites.

BARANTIN.

On vous exploite, on vous ridiculise, on vous trahit; ceci
n'est rien. Savez-vous de quoi vous accusent certaines femmes
qui ne seraient pas dignes de dénouer les lacets de vos bottines,
mais qui n'en ont pas moins autorité dans le monde?

MADAME AUBRAY.

Et de quoi m'accusent-elles?

BARANTIN.

D'avoir un amant.

MADAME AUBRAY.

Un amant... qui est?

BARANTIN.

Qui est... Devinez.

MADAME AUBRAY.

Comment voulez-vous...?

BARANTIN.

Qui est moi.

MADAME AUBRAY.

Quelle bêtise!

BARANTIN.

C'est vrai. On ne l'en dit pas moins et c'est tout naturel, parce que le monde n'accepte et n'admet que ce qu'il comprend, et qu'entre une femme veuve et belle et un homme séparé de sa femme, fût-il vieux et laid, qui se voient tous les jours comme nous le faisons, on aime mieux croire à de l'amour qu'à de l'amitié.

MADAME AUBRAY.

Que m'importe ce qu'on dit?

BARANTIN.

Et à moi donc! Mais c'est pour en arriver à ceci : la société a ses mœurs, ses traditions, ses habitudes que le temps a constituées en lois. Elle a une morale moyenne dont elle ne veut pas qu'on la sorte et qui suffit à ses besoins. Elle n'aime donc pas ces vertus singulières qui lui sont un reproche indirect, et elle s'en venge comme elle peut, par la calomnie même, si elle n'a pas autre chose sous la main. Comment! je peux, moi, société, me tirer d'affaire avec ma religion et la religion de mes voisins en observant certaines petites pratiques extérieures, en donnant un peu de mon superflu à ceux qui n'ont rien du tout, en quêtant, en dansant, en chantant pour les pauvres, en mangeant de temps à autre du turbot au lieu de manger de la bécasse ; ça va bien comme ça, et vous venez, vous, simple femme du monde, vous jeter à travers ce petit train-train des consciences bien élevées; vous dites : « Ce n'est pas assez, il faut faire ceci, il faut défaire cela, il faut tout donner et tout pardonner... » Et vous voulez que cette société ne pousse pas des cris, vous voulez qu'elle vous laisse faire sans plaisanter, sans calomnier, sans se venger enfin de ce grand exemple qu'elle ne veut ni ne peut suivre? Vous lui en demandez trop.

4

MADAME AUBRAY.

Je vis comme bon me semble et ne force personne de vivre
comme moi.

BARANTIN.

Pardon! pardon! C'est tout le contraire, puisque vous vou-
driez rejeter dans ma vie une créature que je n'ai nulle envie
d'y revoir, ma parole d'honneur!... Oh! les femmes! toujours
les mêmes! ni patience ni mesure, mettant de la passion dans
tout, même dans la vertu!... Non-seulement vous croyez que
l'humanité doit devenir parfaite, mais vous voulez qu'elle le de-
vienne tout de suite, du jour au lendemain. Hier, vous haïssiez : aimez aujourd'hui. Ce matin, vous étiez heureux : sachez
souffrir ce soir. Vous étiez coupable, soyez repentant; et moi,
madame Aubray, je vous pardonne! Tout cela en une heure. Oh!
oh! laissez-moi respirer!

MADAME AUBRAY.

On ne fait jamais le bien assez vite. Est-ce qu'il a le temps
d'attendre!

BARANTIN.

Vous êtes dans le faux, et vous le reconnaîtrez un jour.

MADAME AUBRAY.

Quand cela?

BARANTIN.

Quand vous vous sentirez prise entre vos doctrines et l'im-
possibilité de les mettre en pratique, ce qui ne peut manquer
d'arriver. Jusqu'à présent, chère amie, vous n'avez eu que des
exemples à donner, et vous les avez donnés aussi grands que
possible comme fille, comme épouse, comme mère; mais vous
n'avez pas eu de luttes à soutenir. Vous êtes pour le pardon; moi
aussi, je suis pour le pardon, celui qui ne coûte rien. Moi aussi,
je pardonne à toutes les femmes adultères, — excepté à la mienne.
Tout le monde en est là. Qu'est-ce que ça nous fait, les autres?
Mais, s'il s'agit de nous... un instant! c'est une autre affaire. Le
pardon, savez-vous ce que c'est? C'est l'indifférence pour ce qui
ne nous touche pas.

MADAME AUBRAY.

Et cependant vous m'avez donné votre fille à élever, au risque de lui voir un jour les mêmes idées qu'à moi..

BARANTIN.

Oui, je vous ai donné ma fille. Si j'avais eu un fils, je ne vous l'aurais peut-être pas donné.

MADAME AUBRAY.

Pourquoi?

BARANTIN.

Parce qu'avec vos idées, on virilise les femmes, mais on effémine les hommes.

MADAME AUBRAY.

Alors, j'ai mal élevé mon fils. Il n'est ni noble, ni généreux, ni utile, ni loyal, ni brave?

BARANTIN.

Il est tout cela, il est brave; eh bien, qu'il entende tenir demain sur sa mère le ridicule propos que je vous répétais tout à l'heure, que fera-t-il?

MADAME AUBRAY.

Il le méprisera.

BARANTIN.

Erreur! Il sautera au visage de celui qui aura tenu ce propos, et il fera bien. Où sera le chrétien, alors? Ce sera l'état social et le sentiment naturel qui reprendront leurs droits. Dieu veuille que vous n'ayez pas un jour à demander à Camille une concession du genre de celle que vous me demandez et qu'il ne pourra vous faire... Rêves que toutes ces idées!

MADAME AUBRAY.

Aveugle que vous êtes! Vous ne voyez donc pas qu'elle ne suffit plus, cette morale courante de la société, et qu'il va falloir en venir ouvertement et franchement à celle de la miséricorde et de la réconciliation? que jamais celle-ci n'a été plus nécessaire qu'à présent? que la conscience humaine traverse à cette heure une de ses plus grandes crises, et que tous ceux qui croient en Dieu doivent ramener à lui, par les grands moyens qu'il nous a donnés lui-même, tous les malheureux qui s'égarent? La colère, la vengeance ont fait leur temps. Le pardon et la pitié doivent se mettre à l'œuvre. Quant à moi, rien ne troublera mes convictions, rien ne modifiera mes idées. Non, ces voix intérieures que j'entends depuis mon enfance, ces principes évangéliques qui ont fait la base, la dignité, la consolation et le but de ma vie, ne sont pas des hallucinations de mon esprit; non, ce n'est pas une duperie que le pardon! ce n'est pas une folie que la charité. Non, non, mille fois non! Ma mère ne m'a pas menti, mon époux ne m'a pas menti, mon Dieu ne m'a pas menti. Je n'ai jamais lutté, dites-vous? Eh bien, vienne la lutte! je l'attends, je l'appelle, et, quels que soient les preuves, les exemples, les sacrifices, que me commandent mes idées folles, je donnerai les uns et j'accomplirai les autres.

BARANTIN.

Je le souhaite.

MADAME AUBRAY.

Et moi, je l'affirme.

BARANTIN.

Amen!

SCÈNE V.

Les Mêmes, LE DOMESTIQUE, puis JEANNINE.

LE DOMESTIQUE.

Il y a là une dame, qui demande à parler à madame.

MADAME AUBRAY.

Faites entrer cette dame. (A Barantin.) Et vous, fanfaron d'égoïsme, allez vous occuper du bonheur des autres. (Jeannine entre.)

BARANTIN.

Est-ce que vous avez été souffrante, madame?

JEANNINE.

Non, monsieur, mais il m'a été impossible d'avoir l'honneur
de venir hier.

BARANTIN.

Je sais quelqu'un, sans parler de nous, qui vous a fort regrettée.

JEANNINE.

Qui donc?

BARANTIN.

M. Valmoreau, l'ami de votre petit garçon.

JEANNINE.

Oui, je sais. (Barantin sort.)

SCÈNE VI.

JEANNINE, MADAME AUBRAY.

JEANNINE.

Je viens m'excuser, madame, de ne pas m'être rendue hier
au soir à votre bien aimable invitation, et vous exprimer mes
regrets de ne pas m'être trouvée chez moi quand vous avez pris
la peine d'y venir ce matin.

MADAME AUBRAY.

Je craignais que vous ne fussiez malade, vous ou l'enfant, et,
comme je vous savais seule...

JEANNINE.

Que de bontés!...

MADAME AUBRAY.

Ce sera pour une autre fois.

JEANNINE.

Malheureusement, madame, je pars aujourd'hui et je viens, en
même temps que mes excuses, vous apporter mes adieux.

MADAME AUBRAY.

Une mauvaise nouvelle?

JEANNINE.

Non, madame.

MADAME AUBRAY.

Vous retournez à Paris?

JEANNINE.

Oui.

MADAME AUBRAY.

Donnez-moi votre adresse. Ne faut-il pas d'abord que je vous reporte cette musique que vous m'avez prêtée?

JEANNINE.

Je n'en ai pas besoin, madame, je la sais par cœur. Voulez-vous bien la garder en souvenir de moi? car je crains que nous ne nous revoyions jamais.

MADAME AUBRAY.

Vous quittez la France?

JEANNINE.

Probablement.

MADAME AUBRAY.

Que d'événements depuis hier! Vous ne soupçonniez pas ce voyage quand nous parlions de l'avenir.

JEANNINE.

C'est vrai, madame; mais on ne fait que bien rarement ce que l'on voudrait faire... Adieu, madame.

MADAME AUBRAY.

Comme vous êtes pressée!

JEANNINE.

Je craindrais d'abuser de vos instants.

MADAME AUBRAY.

Vous paraissez triste, émue, embarrassée. Auriez-vous quelque chose contre moi?

JEANNINE.

Contre vous?... Oh! madame !

MADAME AUBRAY.

Alors, puis-je vous servir en quoi que ce soit ?

JEANNINE.

En rien, merci.

MADAME AUBRAY.

Gardez votre secret, mon enfant; je suis une amie trop nouvelle pour avoir le droit de vous le demander.

JEANNINE.

Mon secret! Mon Dieu, madame, je vais vous l'apprendre; .
car, après les bonnes paroles que vous m'avez dites et l'intérêt
que vous me témoignez encore, je serais une ingrate si je
manquais de confiance avec vous. Je quitte ce pays, madame,
pour ne pas vous mettre dans une position difficile vis-à-vis de
moi, et un peu aussi pour ne pas me trouver dans une position
fausse vis-à-vis de vous.

MADAME AUBRAY.

Je ne comprends pas.

JEANNINE.

Vous m'avez prise pour une autre, madame, ou plutôt je me
suis donnée pour une autre, n'ayant pas alors le courage de vous
initier, non pas au secret, mais aux événements de ma vie. Je
pourrais vous laisser dans votre erreur, du moins pendant tout
le temps que je passerai ici; mais ce serait indigne de vous,
peut-être de moi, car je ne suis pas menteuse.

MADAME AUBRAY.

Je vous crois.

JEANNINE.

Je ne suis pas veuve, madame, et je n'ai jamais été mariée.
Vous pourriez l'apprendre d'un autre, j'aime mieux que vous
l'appreniez de moi-même. Il est donc inutile que j'entame des
relations que vous seriez forcée de rompre un jour, et je préfère

ne pas entrer dans votre maison plutôt que d'attendre le moment où vous m'en fermeriez la porte.

MADAME AUBRAY.

Alors, ce petit enfant?...

JEANNINE.

N'a pas d'autre nom que celui de Gaston.

MADAME AUBRAY.

Pauvre petit! Son père?...

JEANNINE.

N'était pas mon mari.

MADAME AUBRAY.

Ce père est mort?

JEANNINE.

Il vit, madame.

MADAME AUBRAY.

Il vous épousera plus tard?

JEANNINE.

Jamais!

MADAME AUBRAY.

C'est donc un malhonnête homme?

JEANNINE.

Non, madame.

MADAME AUBRAY.

Alors?...

JEANNINE.

Alors, c'est moi qui suis une malhonnête femme, voilà ce que vous pensez, madame.

MADAME AUBRAY.

Non; seulement...

JEANNINE.

Je ne suis ni d'une famille ni d'un monde où les hommes comme lui prennent leur femme. Il n'a donc jamais eu l'idée et

il ne m'a jamais promis de me donner son nom. Il le voudrait
maintenant, qu'il ne le pourrait plus.

MADAME AUBRAY.

Parce que?...

JEANNINE.

Parce qu'il l'a donné à une autre.

MADAME AUBRAY.

Il s'est marié?

JEANNINE.

Il y a deux ans.

MADAME AUBRAY.

Quelles sont vos ressources, alors?

JEANNINE.

Celles qu'il me fait.

MADAME AUBRAY.

Il a soin de son enfant?

JEANNINE.

Oui, madame, et de moi.

MADAME AUBRAY.

Cependant vous ne le voyez plus?

JEANNINE.

Nous ne devions plus nous revoir, et je ne l'avais pas revu
depuis son mariage, quand justement, hier, après la conversation que j'avais eu l'honneur d'avoir avec vous, je l'ai vu appa-
raître chez moi. C'est sa visite qui m'a retenue.

MADAME AUBRAY.

Et qui vous a empêchée de venir ici?

JEANNINE.

Cette visite n'aurait pas eu lieu, que je ne serais pas venue
davantage. J'avais accepté hier ou paru accepter, mais j'avais
trop le sentiment du respect qui vous est dû, pour pénétrer
chez vous à l'abri d'un mensonge.

MADAME AUBRAY.

Je vous sais gré de votre franchise; elle prouve, ainsi que votre langage, une âme et une nature peu communes. Permettez-moi donc de vous questionner de nouveau. Je vous assure que c'est dans votre intérêt seul...

JEANNINE.

Interrogez, madame.

MADAME AUBRAY.

En venant vous trouver hier, le père de votre enfant venait-il voir son fils et la mère de son fils, ou venait-il revoir la femme d'autrefois?

JEANNINE.

Il est venu par hasard, m'a-t-il dit... De son fils, il ne m'a pas plus parlé qu'à l'ordinaire; il n'en parle jamais. — D'amour, il n'a pas été question.

MADAME AUBRAY.

Et cependant, cet homme, vous l'aimez?

JEANNINE.

Non, madame.

MADAME AUBRAY.

Vous l'avez aimé?

JEANNINE.

Non.

MADAME AUBRAY.

Voyons, voyons, mon enfant : je ne comprends plus très-bien. Si une faute comme celle que vous avez commise peut avoir une excuse, cette excuse est dans l'entraînement de l'amour. Il est aussi naturel que vous ayez aimé cet homme jadis, qu'il serait naturel que vous le haïssiez aujourd'hui.

JEANNINE.

Mon Dieu, madame, je n'ai pas eu l'occasion de raisonner grand'chose dans ma vie, ni de m'expliquer mes sensations, car je ne suis qu'une créature d'instinct; mais ce que je sais, c'est que je n'ai jamais eu d'amour et que je n'ai pas de haine pour

le père de mon enfant. Il ne manquait pas à mon cœur avant
que je le connusse, il ne lui manque pas davantage aujourd'hui.
Je n'éprouve pour lui que de la reconnaissance.

MADAME AUBRAY.

De la reconnaissance!... Voilà une parole étrange et qui me
ferait douter de votre bon sens, s'il n'y avait dans votre regard
et dans votre voix je ne sais quelle naïveté, quelle candeur,
qui sembleraient indiquer que vous n'avez pas la notion exacte
des étrangetés que vous dites. Comment avez-vous pu com-
mettre si facilement la plus grande faute qui puisse trouver
place dans la vie d'une femme? Comment, cette faute commise, paraissez-vous en avoir si peu de remords? Comment,
au lieu de maudire cette faute et de vous en prendre à celui qui
vous a abusée, parlez-vous pour lui de reconnaissance?

JEANNINE.

Parce qu'en réalité, madame, je lui dois tout. C'est lui qui
m'a faite libre et heureuse. Mon père et ma mère étaient de
pauvres gens. Au lieu de leur apporter une joie en arrivant dans
ce monde, comme font les enfants qui naissent dans les maisons
riches, je ne devais qu'augmenter leur misère et leurs chagrins. J'étais déjà mal venue avant de venir, et, par un in-
cident imprévu, ma servitude devait commencer avant ma
naissance. Une grande dame étrangère, qui allait devenir mère,
était atteinte d'une maladie dangereuse, mortelle, disait-on, qui
pouvait être conjurée si elle nourrissait; mais elle craignait, en
nourrissant son propre enfant, de lui léguer ce mal; elle cher-
cha donc un enfant inconnu à nourrir. Mes parents me donnèrent
à elle pour une somme d'argent qu'ils n'avaient jamais entrevue
dans leurs plus beaux rêves, une dizaine de mille francs, je
crois. Voilà comment je suis entrée dans la vie. Telle que vous
me voyez, madame, j'ai été allaitée par une duchesse, je n'en
suis pas plus fière pour cela. Cette dame a guéri, heureusement.
Est-ce à moi qu'elle le doit, peu importe. En tout cas, elle s'était
attachée à moi. De là un commencement d'éducation, d'instruction et de bien-être, car elle m'a gardée auprès d'elle jusqu'à ma
septième année. Mes parents, ignorants et besoigneux, se crurent

en droit d'utiliser cette opulente protection. Cette dame finit par se lasser de leurs exigences qui ressemblaient quelquefois à des menaces. Elle repartit pour son pays, et me rendit à ma famille, enveloppée dans quelques billets de mille francs qui furent les derniers, et que mon père et ma mère eurent bientôt dépensés sans la moindre prévoyance. Ils se séparèrent, la misère étant revenue. Mon père disparut et s'en alla mourir au loin. Moi, je restai seule avec ma mère. Elle me fit travailler; je commençai à gagner ma vie et la sienne. Cela me parut dur. Vous êtes une personne charitable, madame; vous avez vu de près toutes les misères, je n'ai rien à vous apprendre à ce sujet. Ma jeunesse suppléait à la fatigue et je vivais encore un peu sur le bon temps passé, comme sur des économies de bonheur; mais ma mère était vieille, elle souffrait. Elle s'en prenait à moi dans le présent, et elle redoutait l'avenir. — Le propriétaire de la maison où nous habitions une mansarde était un riche commerçant. Il avait un fils que je rencontrais souvent, en revenant du magasin. Ce jeune homme possédait toutes les éloquences de la jeunesse et de la fortune; c'était lui qui nous venait en aide quand nous étions en retard pour notre loyer. Il se trouva insensiblement mêlé à notre existence sans que je m'en aperçusse autrement que par un peu plus de bien-être. Ai-je été trompée, séduite? Non. Tout était disposé autour de moi pour le mal; je l'ai fait naturellement, fatalement, et je n'accuse personne. Ma mère a vécu sa dernière année à l'abri de cette misère qui l'avait tant effrayée et elle est morte en croyant avoir fait pour moi ce qu'elle devait faire. Pour l'homme près de qui je restais, je n'éprouvais rien. Je lui ai toujours dit « vous; » je l'ai toujours appelé « monsieur. » Tout à coup un sentiment inconnu s'empara de moi; j'étais mère! j'appartenais tout entière à l'amour maternel qui demandait une revanche. Je chantais, je riais, je dansais, et la preuve vivante de ma faute devenait, tant j'étais dans l'erreur, un sujet de gloire pour moi. Je parais mon enfant, je le promenais, je le montrais, je souriais à ceux qui le trouvaient joli. Je pris des maîtres, je lus, j'étudiai la musique, je voulais tout savoir pour l'apprendre plus tard à mon fils. Un jour, son père me dit qu'il allait se marier et que cet enfant, dont la nais-

sance l'avait contrarié (c'est le mot dont il s'était servi alors),
je pourrais le garder toujours, et qu'il aurait toujours soin de
nous deux, si je ne parlais jamais de lui à personne. J'avais l'in-
dépendance, j'avais un enfant, je me considérai comme la plus
heureuse femme de la terre. Il se maria, et je l'ai revu hier pour
la première fois depuis ce mariage. Voilà mon histoire, madame,
voilà mon secret.

MADAME AUBRAY.

Et vous vivez ainsi au jour le jour?

JEANNINE.

Oui, madame.

MADAME AUBRAY.

Et quand votre enfant sera grand, que ferez-vous de lui?

JEANNINE.

Je n'en sais rien.

MADAME AUBRAY.

Et si son père mourait?

JEANNINE.

Il m'a promis d'assurer son sort.

MADAME AUBRAY.

Et s'il vous a trompée?

JEANNINE.

Je ne crois pas, c'est un honnête homme.

MADAME AUBRAY.

Et si vous mouriez, vous?

JEANNINE.

Il s'en chargerait peut-être. Une fois que la mère est morte,
ce n'est plus la même chose. Il n'a pas eu d'enfants de sa
femme.

MADAME AUBRAY.

Et si sa femme s'opposait à cette adoption, ou à cette reconnaissance; si votre enfant restait tout seul, enfin?

JEANNINE.

Il y aurait encore quelqu'un pour se charger de lui.

MADAME AUBRAY.

Qui cela?

JEANNINE.

Vous, madame.

MADAME AUBRAY.

Moi !

JEANNINE.

Oui, madame, et j'en suis tellement sûre, qu'en rentrant, je vais écrire ce testament bien simple : « Si je viens à mourir, conduire tout de suite mon fils chez madame Aubray et la prier de l'élever comme elle a élevé le sien. »

MADAME AUBRAY.

Et vous ne doutez pas que je n'accepte la mission ?

JEANNINE.

Je n'en doute pas.

MADAME AUBRAY, l'embrassant.

Ah! mon enfant! vous ne pouvez pas savoir le plaisir que vous me faites en me jugeant ainsi. Eh bien, je signe le traité, — à une condition?...

JEANNINE.

Dites, madame.

MADAME AUBRAY.

Au point de vue de la morale, et de la vraie et de la seule morale, ce que vous venez de me raconter est monstrueux, ma pauvre enfant, et cependant cela vous paraît tout simple. Vous êtes donc une inconsciente; et ce n'est pas absolument votre faute; les autres y sont bien pour moitié, sinon pour tout. Vous êtes une bonne mère, cela est certain et cela est d'un grand poids devant toutes les justices, humaine et divine. — Parlez-moi donc en toute sincérité. Depuis que vous êtes séparée du père de votre enfant, vous n'avez rien à vous reprocher ?

JEANNINE.

Oh! rien.

MADAME AUBRAY.

Vous me l'affirmez?

JEANNINE.

Je le jure.

MADAME AUBRAY.

Ne jurez pas, affirmez. Ainsi vous n'aimez personne?

JEANNINE.

Ah! je n'ai pas dit cela, madame. Seulement, je n'ai parlé
d'amour avec personne.

MADAME AUBRAY.

Et ce nouvel amour?

JEANNINE.

Ce premier amour!

MADAME AUBRAY.

Prenez garde, vous êtes subtile.

JEANNINE.

Je suis sincère.

MADAME AUBRAY.

Soit : celui qui inspire ce premier amour vous en a-t-il
parlé, lui?

JEANNINE.

Il s'est contenté de me le laisser voir. Il ne me l'a exprimé
que par son amour et son respect. La première fois que je lui ai
parlé, je lui ai dit que je n'étais pas libre, et, depuis ce jour,
chaque fois que je suis sortie, je l'ai trouvé sur ma route ; il
m'a saluée et il a passé son chemin; et moi, j'ai pris l'habitude
de sortir tous les jours, à la même heure, avec mon enfant.
Hélas! il me croit une honnête femme.

MADAME AUBRAY.

Il ne se trompe pas, puisque vous pouvez le redevenir.

JEANNINE.

Ce n'est pas la même chose.

MADAME AUBRAY.

N'a-t-il pas été dit : « Il y aura plus de joie pour un pécheur qui se repentira que pour cent justes qui n'auront jamais péché? »

JEANNINE, avec un soupir.

Au Ciel!

MADAME AUBRAY.

Vous doutez?

JEANNINE.

J'aime mieux me servir de mon amour pour devenir meilleure, et ne jamais le laisser voir à celui qui l'inspire.

MADAME AUBRAY.

Rendez-vous digne de cet amour, soyez franche et loyale au jour des aveux, et, si cet homme vous aime réellement, il pardonnera.

JEANNINE.

Vous croyez, madame?

MADAME AUBRAY.

J'en réponds. Seulement, il faut dès aujourd'hui commencer votre régénération.

JEANNINE.

Ordonnez, madame.

MADAME AUBRAY.

D'abord il faut ne plus revoir le père de votre enfant, puisqu'il est marié.

JEANNINE.

Bien, madame.

MADAME AUBRAY.

Il ne faut plus rien accepter de lui.

JEANNINE.

Comment ferai-je alors? ou plutôt, comment ferons-nous?

MADAME AUBRAY.

Vous travaillerez. Il faut que votre fils vous doive tout, pour n'avoir rien à vous reprocher plus tard.

JEANNINE.

Mais un travail suffisant, qui me le donnera?

MADAME AUBRAY.

Moi.

JEANNINE.

Je n'accepterai plus rien, madame, et je travaillerai.

MADAME AUBRAY.

Il vous faudra du courage.

JEANNINE.

Ce ne sera qu'une habitude à reprendre.

MADAME AUBRAY.

A ces conditions, vous pourrez compter sur moi en toutes circonstances.

JEANNINE.

Vous me permettrez de vous voir?

MADAME AUBRAY.

Quand vous voudrez. Du moment que vous serez vaillante, laborieuse et sévère pour vous-même, ma maison vous sera ouverte, à vous et à votre enfant.

JEANNINE.

Que dira le monde, en me voyant chez vous?

MADAME AUBRAY.

Ce qu'on appelle le monde, je ne le connais pas. Sa doctrine n'est pas toujours la mienne; ma conscience est ma règle unique, et ma conscience me dit de faire ce que je fais. Quant aux gens que vous rencontrerez habituellement chez moi, ce sont tous gens sérieux, honnêtes et bons; tous ont eu plus ou moins à lutter avec la vie, et tous vous tendront la main, quand ils connaîtront votre secret.

JEANNINE.

Est-il indispensable de le leur dire tout de suite?

MADAME AUBRAY.

Comme il vous plaira.

JEANNINE.

Faites ce que vous croirez devoir faire, madame.

MADAME AUBRAY.

Courage, patience et volonté, avec cela tout est possible. Je vais m'occuper de vous dès aujourd'hui.

JEANNINE.

Oh! madame, que vous devez être heureuse d'avoir le droit d'être aussi indulgente et de l'être aussi simplement!

MADAME AUBRAY.

Ma chère enfant, quand on n'a jamais connu ni la misère ni les tentations, quand on a eu le bonheur d'avoir une bonne famille et de ne recevoir que de bons exemples, il faut être indulgent à ceux qui ont succombé dans la lutte que l'on n'a pas connue. On ne sait pas ce qu'on aurait fait à leur place. Le jour où vous serez ce que je suis, vous serez plus que moi.

LE DOMESTIQUE, entrant.

M. Tellier. (Mouvement de Jeannine que madame Aubray ne voit pas.)

MADAME AUBRAY.

Faites entrer. (Tellier entre.) Comment! vous êtes ici, cher monsieur?

TELLIER.

Oui, madame, depuis hier, et, quand j'ai su... (Il aperçoit Jeannine et s'arrête étonné. — Il la salue sans avoir l'air de la connaître; elle fait de même pour lui.)

JEANNINE.

Adieu, madame.

MADAME AUBRAY.

A bientôt, vous voulez dire.

JEANNINE.

A bientôt, puisque vous le permettez. (Elle sort.)

SCÈNE VII.

MADAME AUBRAY, TELLIER.

MADAME AUBRAY.

Est-ce que vous êtes ici avec madame Tellier?

TELLIER.

Non, madame ; elle est allée passer quelques jours chez son père, mais elle viendra probablement me rejoindre avec lui. Elle est d'ailleurs toujours un peu souffrante. Dès que j'ai su que vous étiez dans ce pays, je me suis permis de venir vous présenter mes hommages.

MADAME AUBRAY.

Je vous en suis toute reconnaissante,

TELLIER.

M. Camille?

MADAME AUBRAY.

M. Camille se porte à merveille.

TELLIER, après un temps.

Pardon, madame, voulez-vous m'autoriser à vous faire une question?

MADAME AUBRAY.

Faites, monsieur.

TELLIER.

Quelle est cette dame avec qui je viens d'avoir l'honneur de me rencontrer?

MADAME AUBRAY.

C'est une de mes amies.

TELLIER.

De vos amies? Elle n'en est pas depuis longtemps, car je ne
l'ai jamais vue chez vous.

MADAME AUBRAY.

Pas depuis longtemps, en effet.

TELLIER.

Elle est mariée?

MADAME AUBRAY.

Non.

TELLIER.

Elle est veuve, alors?

MADAME AUBRAY.

Pardon à mon tour, cher monsieur, mais voulez-vous me
permettre de vous demander pourquoi toutes ces questions?

TELLIER.

Mon Dieu, madame, c'est que je crains que votre bonne foi
n'ait été surprise, et que vous ne donniez un peu facilement ce
titre d'amie.

MADAME AUBRAY.

Cela m'étonnerait; je suis très-avare de ce titre, et, quand je
le donne, ce n'est qu'à bon escient. Les personnes qui me sont in-
différentes, je les appelle « chère madame », ou « cher monsieur ».

TELLIER.

Comme moi, par exemple... Je n'ai pas, madame, le droit de
faire commerce d'amitié avec une personne de votre mérite, et cependant je considère comme un devoir de faire acte d'ami, et, en
tout cas, de galant homme, dans la circonstance qui se présente.
Si cette dame ne vous eût fait qu'une visite de hasard, qu'une
rencontre aux bains de mer pourrait motiver, je me serais abs-
tenu de toute réflexion; mais les termes dont vous vous servez
à son égard m'obligent, bien malgré moi, à vous renseigner sur
son compte. J'ai tout lieu de croire que, pour devenir votre
amie, cette dame vous a... abusée.

MADAME AUBRAY.

Voilà une accusation grave.

TELLIER.

A laquelle vous ne croyez pas?

MADAME AUBRAY.

Dont je doute un peu.

TELLIER.

Ainsi vous tenez cette dame pour une personne... qu'on peut recevoir?

MADAME AUBRAY.

Apparemment.

TELLIER.

Depuis?...

MADAME AUBRAY.

Depuis que je la reçois.

TELLIER.

Ce n'est pas vieux alors; mais, moi qui la connais depuis plus longtemps, je puis et je dois vous dire qui elle est...

MADAME AUBRAY.

Dites.

TELLIER.

C'est une ancienne ouvrière, fille d'ouvriers d'une moralité faible. Elle n'a jamais été mariée; elle a un enfant...

MADAME AUBRAY.

Dont vous connaissez le père, peut-être?

TELLIER.

Dont je connais le père, qui a l'honneur d'être de vos amis.

MADAME AUBRAY.

Ce n'est pas sûr.

TELLIER, blessé.

Madame, cet ami...

MADAME AUBRAY.

Ne le nommez pas ; il est peut-être marié. Inutile de le compromettre, inutile surtout qu'il se compromette lui-même, en
me faisant, si je le questionnais, ou un mensonge, ou un aveu
plus coupable encore qu'un mensonge.

TELLIER.

Cependant, madame, vous ne pouvez forcer cet ami à se
trouver, et surtout à faire trouver sa femme, même chez vous,
avec une personne...

MADAME AUBRAY.

Je ne force qui que ce soit à venir me voir, mais je reçois
qui bon me semble. Je ne veux pas juger votre ami dont je ne
saurai jamais le nom, mais vous pouvez lui répéter notre conversation, et, s'il est dans les mêmes principes que vous, j'aurai
perdu l'honneur de ses visites et de celles de sa femme, ce dont
je me consolerai en pensant que nous ne nous entendons pas
sur les questions de morale, ni même sur les questions de con-
venances.

TELLIER.

Je ferai votre commission, madame, et il se le tiendra pour
dit. Au revoir, madame.

MADAME AUBRAY.

Adieu, monsieur.

FIN DU DEUXIÈME ACTE.

ACTE TROISIÈME.

Même décor qu'au premier acte.

SCÈNE PREMIÈRE.

CAMILLE, puis VALMOREAU.

CAMILLE, seul, au piano. Il débite les vers suivants en les accompagnant.

> O Muse! que m'importe ou la mort ou la vie?
> J'aime, et je veux pâlir; j'aime, et je veux souffrir.
> J'aime, et pour un baiser je donne mon génie;
> J'aime, et je veux sentir sur ma joue amaigrie
> Ruisseler une source impossible à tarir.
>
> J'aime, et je veux chanter la joie et la paresse,
> Ma folle expérience et mes soucis d'un jour;
> Et je veux raconter et répéter sans cesse,
> Qu'après avoir juré de vivre sans maîtresse,
> J'ai fait serment de vivre et de mourir d'amour.
>
> Dépouille devant tous l'orgueil qui te dévore,
> Cœur gonflé d'amertume et qui t'es cru fermé!
> Aime, et tu renaîtras. Fais-toi fleur pour éclore!
> Après avoir souffert, il faut souffrir encore!
> Il faut aimer sans cesse après avoir aimé!

VALMOREAU, qui est entré tout doucement entre la seconde
et la troisième strophe et qui a écouté sans être vu.

Continuez, continuez.

CAMILLE, se levant.

C'est fini. Vous avez entendu?

VALMOREAU.

Les derniers vers seulement, mais j'y applaudis des deux mains.

« Après avoir souffert, il faut souffrir encore !
Il faut aimer sans cesse après avoir aimé ! »

C'est absolument dans mes idées, sauf la souffrance. Il vaut bien mieux aimer sans souffrir. C'est de vous, ces vers-là ?

CAMILLE.

Comment! vous ne les connaissez pas?

VALMOREAU.

Non.

CAMILLE.

C'est du poëte des poëtes, de celui qui a le mieux chanté la jeunesse et l'amour, de de Musset!

VALMOREAU.

Ah ! c'est de lui ! (Il fredonne.)

« Avez-vous vu dans Barcelone
Une Andalouse... »

Ah! de Musset, je l'adore. Vous aimez donc les vers?

CAMILLE.

A quel âge les aimerai-je si je ne les aime pas maintenant? Hélas! la poésie s'en va. Tant pis. Elle nous rendait meilleurs. Elle traduisait dans une langue difficile à parler et facile à comprendre, les rêves, les aspirations et les secrets de notre cœur. Quelques vers d'un grand poëte, murmurés à voix basse à l'oreille de la personne aimée, disaient pour nous ce que nous n'osions pas dire.

VALMOREAU.

Aujourd'hui, il faut s'expliquer plus clairement, argent comptant. On accepte encore les vers, mais il faut qu'il y ait du chocolat avec. Et alors, voyant que personne n'en veut plus, vous

venez comme ça vous dire à vous-même des vers que vous
savez déjà. Vous mangez votre fonds tout seul.

CAMILLE.

Oui, c'est une de mes grandes distractions. Je fais courir
sous cette musique parlée une mélodie de Mozart, de Beethoven
ou de Rossini, et je mêle ensemble les deux inspirations ; ou
bien je pars à l'aventure, et, à travers la campagne, sur
les plateaux des falaises, tout seul, je jette dans le bourdon-
nement des insectes, dans le murmure lointain des flots,
dans ces mille bruits qui composent le silence de la nature, je
jette au hasard les vers des poëtes qui répondent le mieux à mes
sensations présentes que je suis incapable de traduire moi-
même. Je m'écoute, je m'exalte, je m'enivre jusqu'à ce que, le
visage baigné de larmes, je ne puisse plus faire un pas ni arti-
culer un mot.

VALMOREAU.

Voilà un drôle de plaisir.

CAMILLE.

C'est le mien. Qui me verrait me prendrait pour un fou,
évidemment, car il n'est pas un enthousiasme qui ne soit appelé folie par quelqu'un. Mais c'est si bon d'admirer ce qui est
beau, d'aimer ce qui est vrai, de chanter, de pleurer, de se
répandre !

VALMOREAU.

Ainsi aujourd'hui...?

CAMILLE.

Je suis dans un de mes beaux jours. Je me sens jeune,
abondant, heureux, prodigue. Que quelqu'un ait besoin de
moi, et il verra. Je trouve tout ce que Dieu a fait superbe et
merveilleux. Je voudrais prendre l'immensité dans mes bras.

VALMOREAU.

En bon français, elle vous a dit ou laissé voir que vous êtes
aimé.

CAMILLE.

Qui, elle ?

VALMOREAU.

L'inconnue, celle qui nous rend joyeux ou triste à son gré
quand nous avons vingt ans, que nous jurons d'aimer toujours,
pour qui nous devons vivre et mourir, et qui n'est heureusement
qu'une de celles qne nous devons oublier.

CAMILLE, après une pause.

Je comptais passer chez vous tout à l'heure pour vous
remettre un reçu.

VALMOREAU.

Quel reçu ?

CAMILLE.

Le reçu de vos cinq cents francs et vos bulletins d'inscrip-
tion parmi les fondateurs de l'œuvre.

VALMOREAU.

Ainsi, me voilà fondateur de bonnes œuvres. Qui aurait
jamais cru cela ? Est-ce que j'aurai quelque chose à faire ?

CAMILLE.

Naturellement. Vous ferez partie du comité, et vous nous
aiderez de vos conseils.

VALMOREAU.

Mes conseils ! Qu'est-ce que ça va être, mon Dieu !

CAMILLE.

Ça va être excellent ; si vous voulez vous mettre au courant
tout de suite, c'est M. Barantin qui est rapporteur, c'est moi qui
suis secrétaire.

VALMOREAU.

Vous vous êtes consacré exclusivement à ce travail ?

CAMILLE.

Non. Je suis médecin.

VALMOREAU.

Vous êtes riche, cependant.

CAMILLE.

Oui, mais il faut bien travailler. D'abord parce que l'homme n'a que ça à faire, et puis notre fortune n'est pas à nous.

VALMOREAU.

A qui est-elle donc ?

CAMILLE.

A ceux qui en ont besoin. Nous avons des amis pauvres ou imprévoyants qui, s'ils mouraient tout à coup, laisseraient des enfants sans ressources, il faut que nous soyons toujours en mesure de leur venir en aide.

VALMOREAU.

Est-ce que vous payez vos malades aussi ?

CAMILLE.

Quelquefois ; mais je n'ai pas encore de clientèle. Je suis interne à la Maternité.

VALMOREAU.

Vous aidez les petits pauvres à venir au monde. Joli service que vous leur rendez là !

CAMILLE, lui montrant le reçu.

Vous allez bien les aider à y rester, vous.

VALMOREAU.

C'est vrai. Vous êtes en vacances en ce moment ?

CAMILLE.

Parce que j'ai pris les fièvres dans la dernière épidémie, et que l'on m'a ordonné un mois de repos et de grand air. Pendant ce temps-là, je m'occupe de nos pensionnaires.

VALMOREAU.

Qui sont ?

CAMILLE.

Des enfants.

VALMOREAU.

Filles ou garçons ?

CAMILLE.

Filles. Notre but est de protéger la femme, dans le présent
et dans l'avenir, contre les dangers de l'ignorance, de la misère
et de l'oisiveté, contre cet envahissement de l'amour vénal qui
tue le travail, l'honneur, tout, hélas! chez les plus belles filles.
Nous voulons armer ces malheureuses d'un métier, d'un art,
d'une instruction, d'une morale simple et compréhensible qui
les garantisse contre les mauvais exemples, bien tentants, il
faut le dire, et nous voulons en faire des épouses, des compagnes et des mères.

VALMOREAU.

Pour qui ?

CAMILLE.

Pour ceux qui en seront dignes. Le rêve de ma mère, elle
le croit réalisable, c'est de reconstituer l'amour en France. Il le
faut, du reste, ou nous sommes perdus.

VALMOREAU.

Mais l'amour ne se reconstitue pas comme une société de
chemin de fer. L'amour est une passion.

CAMILLE.

Et, par conséquent, une force que, comme toutes les autres
forces de la nature, l'homme peut diriger et rendre utile.
L'amour est le plus grand moyen de bonheur, de civilisation, de
perfectibilité, que l'humanité ait à son service, et le détruire,
c'est détruire Dieu lui-même, ce qui est impossible. En attendant, il y a des courants matérialistes qui emportent tout à coup
les sociétés vers les intérêts palpables et les jouissances immé-
diates. Ces courants n'ont jamais été si rapides et si larges. De
temps en temps, la femme qui se sent entraînée, qui se voit
perdue, qui ne sait plus où elle va, pousse au milieu des flots un
cri de révolte ou d'appel; quelques âmes généreuses poussent
un cri d'indignation ou de pitié, mais la masse continue son
chemin en riant et en disant : « Encore une qui se noie, tant pis
pour elle ! » En traitant la femme ainsi, l'homme ne sait évi-

demment pas ce qu'il fait. Il s'énerve, il s'amoindrit, il se sté-
rilise et perd en réalité, même pour son progrès matériel, un
de ses plus puissants moyens d'action. Il se prive d'un auxi-
liaire en réduisant la femme à l'élégance, au vice, à l'immobilité,
enfin. C'est le travail, c'est l'industrie, c'est la science, c'est le
génie qui donnent une vie aux sociétés, mais c'est l'amour qui
leur donne une âme !

VALMOREAU.

Oh ! poëte !

CAMILLE.

Je sais ce que je dis. J'ai toute ma raison et toute ma foi.
J'ai pour mère une femme simple, juste et bonne ; elle m'a
nourri de son lait, de son esprit et de son cœur. Je n'ai pas
encore une mauvaise passion, pas une mauvaise pensée même
à me reprocher, je le dis sans orgueil, mais avec joie ; je sais
plus de choses que n'en savent d'ordinaire les hommes de mon
âge. Eh bien, je l'affirme, il y a mieux à faire de la femme que
ce que l'homme en fait aujourd'hui. Toutes les fautes qu'elle
commet, c'est lui qui en est responsable. Il croit en profiter et
c'est lui qui les paye et qui les payera plus cher encore dans
l'avenir. Quand un peuple qui se fait appeler le peuple le plus
franc, le plus chevaleresque, le plus spirituel de tous les peuples,
permet que des milliers de jeunes filles, dont il pourrait faire
des compagnes intelligentes, des mères respectées, ne soient
bonnes qu'à faire des courtisanes aviles et dangereuses, ce
peuple mérite que la femme qu'il a inventée le dévore tôt ou
tard. C'est ce qu'elle commence à faire et c'est ce qu'elle fera
tout à fait.

VALMOREAU.

Comment s'y prendra-t-elle ?

CAMILLE.

Comme elle s'y prend. Elle fait ce que font tous les désespé-
rés, elle fait son insurrection, dans l'ombre, avec les armes qu'elle
a. Elle jette dans le fossé la poésie, la pudeur, l'amour, bagage
devenu inutile et embarrassant. Elle monte comme l'homme à

l'assaut des jouissances matérielles, elle proclame le droit au plaisir, elle retourne l'autel pour en faire une alcôve, elle remplace le Dieu par je ne sais quelle guillotine dorée, et elle exécute l'homme au milieu des danses et des rires. Aveugle qui ne voit pas cela! Eh bien, tous ces jeunes débauchés, tous ces imbéciles... (Mouvement de Valmoreau.) Vous dites?

CENTER: **VALMOREAU.**

Ne faites pas attention, je salue un de mes amis qui passe. Allez, allez, ne vous gênez pas.

CENTER: **CAMILLE.**

Eh bien, tous ces jeunes gens, tous ces désœuvrés...

CENTER: **VALMOREAU.**

J'aime mieux ça.

CENTER: **CAMILLE.**

Tous ces fils de famille qui n'ont pas eu l'idée de donner à ces femmes un morceau de pain quand elles étaient jeunes, vaillantes, vierges, se laissent prendre plus tard les diamants de leur mère et quelquefois le nom de leurs aïeux, quand elles sont méprisables et déchues. La femme se venge, elle a raison. Et cependant, qu'il le sache, c'est encore l'amour que l'homme cherche malgré lui dans ce commerce honteux, car l'amour est immortel; c'est encore l'amour qui le porte vers ces malheureuses qui auraient pu être si honnêtes, et qui pourraient encore le redevenir si l'on avait le courage de le vouloir. Tout jeune que je suis, j'ai reçu des confidences de femmes, et dans des moments solennels, quand la douleur et la mort étaient assises avec moi au chevet de leur lit d'hôpital. J'en ai vu souffrir, j'en ai vu mourir, de ces créatures tombées, auxquelles pas un de ceux qui avaient aidé à leur chute ne faisait l'aumône d'une visite ou d'un souvenir. La nuit, dans un long dortoir blanc, semblable à un cimetière éclairé par la lune, au milieu de souffrances abominables, avec une prière muette qu'on ne leur avait jamais apprise, j'en ai vu, de ces filles, qui mettaient au monde un petit être sans nom, et j'ai entendu le premier cri maternel répondant

au premier cri de l'enfant. Je sais ce qu'il y avait d'amour,
d'innocence, de vertu dans ce cri poussé par l'âme tout entière,
redevenue divine pendant un moment, à qui la vérité apparais-
sait tout à coup, tandis que le père inconnu se dérobait à ces
cris et à cette vérité au fond d'un cabaret ou de quelque autre
mauvais lieu. C'est alors que j'ai rougi de l'homme, et que je
l'ai trouvé inférieur à cette mère méprisée ; c'est alors que j'ai re-
mercié Dieu de m'avoir donné, à moi, une mère comme la mienne
et que je me suis promis de ne voir qu'avec mes yeux et de ne
juger qu'avec ma conscience.

VALMOREAU, ému.

Le monde est sauvé, il y a encore un jeune homme !

SCÈNE II.

LES MÊMES, MADAME AUBRAY.

VALMOREAU, allant à madame Aubray et lui donnant la main.

Madame !

MADAME AUBRAY.

Qu'est-ce qu'il y a ?

VALMOREAU.

Vous avez donné le jour à un poëte, à un orateur, à un
homme de bien ! Il vient de me dire des choses que je n'avais
jamais entendues. Tel que vous me voyez, il y a dix ans que
j'emploie mon temps, mon intelligence et mon argent à prouver
que je suis un imbécile. J'ai commencé par tirer mes manchettes
comme ça (il fait le geste) sur les boulevards ; j'ai porté une raie au
milieu du front comme les archanges et jusque dans le dos comme
les mulets ; je me suis occupé une bonne heure tous les jours de
mes favoris et de mes moustaches, qui embaument du reste (je
fais venir ça de Londres : quarante francs le flacon ; j'en ai encore
mis ce matin) ; j'ai passé des mois à jouer et des semaines à dor-
mir : j'ai payé des asperges cent francs la botte pour me faire

appeler M. le comte par des garçons de restaurant; je n'ai pas
lu un livre de ma vie, et mon seul talent, celui qui m'a fait un
véritable renom, c'est de sauter moi-même la rivière de la
Marche, comme si j'avais quatre jambes; je fais ça très-bien: je
ne suis encore tombé qu'une fois dans l'eau; voilà mon passé.
Mais je n'ai que vingt-huit ans; il me reste vingt-cinq mille
livres de rente; je digère très-bien cinq ou six fois par semaine;
je ne suis pas méchant au fond, j'ai été mal élevé, voilà tout;
nous sommes beaucoup comme ça dans le même quartier. Aujourd'hui, je sens que la grâce me touche et je ne demande plus
qu'à être saint Paul ou saint Augustin. Indiquez-moi seulement
ce qu'il y a à faire!

CAMILLE.

Bravo! C'est de vous, ces vers-là?

MADAME AUBRAY.

Il faut vous marier d'abord.

VALMOREAU.

Je pensais bien que ça allait commencer par là.

MADAME AUBRAY.

Vous reculez déjà?

VALMOREAU.

Non, non, je suis décidé à tout; mais je croyais que, pendant
quelque temps, il y avait ce qu'on appelle un petit noviciat et
qu'on n'entrait pas tout de suite dans les ordres.

MADAME AUBRAY.

Il faut épouser une femme qui vous aime.

VALMOREAU.

Voilà qui me donne un peu de temps.

MADAME AUBRAY.

Il faut épouser une fille pauvre.

VALMOREAU.

Une fille pauvre! Ah! faut-il aussi qu'elle soit laide?

MADAME AUBRAY.

Ça n'en vaudrait que mieux.

VALMOREAU.

Avouez-le, madame, vous en avez une qui réunit ces deux qualités.

MADAME AUBRAY.

J'en ai une, mais elle n'est pas laide.

VALMOREAU.

Oui, ça dépend des goûts, n'est-ce pas?

MADAME AUBRAY.

Elle est charmante.

VALMOREAU.

Voilà le mot que je craignais. (A Camille.) Ne vous en allez pas, j'ai besoin d'une galerie pour me donner du courage.

CAMILLE.

Soyez tranquille, je suis là avec tout ce qu'il faut pour vous secourir.

VALMOREAU.

Reprenons : jeune ?

MADAME AUBRAY.

Vingt-deux ou vingt-trois ans.

VALMOREAU.

Ah! elle m'a attendu. Le père ou la mère ?

MADAME AUBRAY.

Morts tous deux.

VALMOREAU.

C'est quelque chose. Est-ce tout?

MADAME AUBRAY.

Non, cette jeune femme...

VALMOREAU.

Cette jeune fille...

MADAME AUBRAY.

Cette jeune femme...

VALMOREAU.

Elle est veuve ?

MADAME AUBRAY.

Peut-être.

VALMOREAU.

Ah! ici, madame, je ne comprends plus du tout.

MADAME AUBRAY.

Voyons, monsieur Valmoreau, soyons sérieux. Ce que vous venez de nous dire tout à l'heure sous une forme plaisante qui convient encore à votre âge, à votre caractère, à vos habitudes passées, n'était-ce qu'une plaisanterie ou bien était-ce sincère?

VALMOREAU.

C'était et c'est sincère.

MADAME AUBRAY.

Vous regrettez franchement d'avoir mené jusqu'à présent une vie inutile, dangereuse par conséquent pour vous et pour les autres, car elle était en même temps pleine de vilaines actions et de vilains exemples, votre vie de jeune homme?

VALMOREAU.

Certainement, je le regrette.

MADAME AUBRAY.

Comprenez-vous que vous avez fait le mal, un mal positif, et que celui qui s'en est rendu coupable, s'il veut réparer ses torts, doit mettre dans sa conduite nouvelle autant de délicatesse, de surveillance et d'abnégation qu'il a mis d'étourderie, d'entraînement et d'insouciance dans sa conduite première?

VALMOREAU.

C'est vrai!

MADAME AUBRAY.

S'il veut qu'on croie à son repentir, il faut qu'il en donne une preuve éclatante. Une jeune fille pure, riche, belle, qu'il aimera, dont il sera aimé, qui lui apportera la famille, la consi-

dération, le bonheur, ce n'est pas une punition, c'est une ré-
compense. Quelle lutte aura-t-il à soutenir avec les autres
et avec lui-même? Quels préjugés aura-t-il à vaincre? Quel
bon exemple aura-t-il donné à ceux qui en ont reçu de lui
tant de mauvais? Aucun! Et maintenant, s'il se trouve une
femme que cette fausse morale de la société, ou la misère,
ou la faiblesse, ou les mauvais exemples aient entraînée mo-
mentanément dans le mal, mais pour laquelle, puisqu'elle est
femme, on appelle crime ce que pour vous on appelle légèreté,
si cette femme se repent aussi sincèrement que vous, si elle
a déjà même trouvé en elle, en elle seule, les forces néces-
saires pour se relever, si elle a fourni les preuves de son repentir, si elle vous aime, si vous l'aimez, et si votre amour,
votre indulgence, votre nom à vous, honnête homme plus coupable qu'elle au fond, peuvent la sauver définitivement, de quel
droit les lui refuserez-vous? Ah! je sais bien. Il y a le monde,
il y a la faute connue, il y a dans le passé un fait qui humilie, un
homme qui gêne, un souvenir qui brûle. Et vous, n'êtes-vous
pas ce même fait, ce même homme, ce même souvenir pour
d'autres coupables? Combien de femmes vous retrouvent dans
leur passé, qui seraient peut-être heureuses et respectées si vous
n'y étiez pas! Eh bien, le moment est venu de la réparation.
Tendez la main, la main droite à cette créature faible, relevez-la
tout à fait, et, si l'on s'étonne, si l'on sourit, au lieu d'en appeler
à la colère, aux armes et au sang, dites-vous dans votre conscience : « Oui, cette femme a été coupable; mais, moi aussi, je
l'ai été. J'ai brisé dix, vingt existences de femmes peut-être,
j'en sauve une, je ne suis pas encore quitte avec Dieu. » Ayez le
courage du bien, comme vous avez eu le courage du mal, et,
c'est moi qui vous le dis, les honnêtes gens seront avec vous. Ce
n'est pas tout le monde, mais c'est quelqu'un!

CAMILLE, embrassant sa mère.

Oh! chère mère.

VALMOREAU.

Oui, oui, oui... C'est égal... c'est raide. Ainsi vous avez
une... jeune fille, qui...?

MADAME AUBRAY.

Qui a commis une faute.

VALMOREAU.

.Publiquement?

MADAME AUBRAY.

Elle ne s'est pas cachée.

VALMOREAU.

L'homme... est mort?

MADAME AUBRAY.

Il vit.

VALMOREAU.

Qu'il l'épouse alors, lui!

MADAME AUBRAY.

Il est marié.

VALMOREAU.

Une vraie... faute?

MADAME AUBRAY.

Une vraie faute... il y a un enfant.

VALMOREAU, bondissant.

Jour de Dieu! madame, mais c'est une épreuve de franc-
maçonnerie à laquelle vous me soumettez-là. Dites-moi bien
vite que les cadavres sont en carton, et qu'il n'y a rien dans les
pistolets.

MADAME AUBRAY.

Je suis on ne peut plus sérieuse.

VALMOREAU.

Vous me conseillez d'épouser cette dame?

MADAME AUBRAY.

Je vous le conseille.

VALMOREAU, allant à Camille.

Et vous?

CAMILLE.

Moi aussi, bien entendu.

VALMOREAU.

Vous l'épouseriez, vous?

CAMILLE.

A l'instant, les yeux fermés, si ma mère me disait de le faire.

VALMOREAU.

Mais à vous, elle ne le dirait pas.

MADAME AUBRAY.

Comme à vous-même, si je croyais la chose juste et bonne.

VALMOREAU, à Camille.

De qui est-il question ?

CAMILLE.

Je n'en sais rien du tout.

VALMOREAU, à part.

Ces gens-là sont fous, il n'en ont pourtant pas l'air. (Haut, à madame Aubray.) Et moi, je connais la personne?

MADAME AUBRAY.

Vous la connaissez, et elle vous plaît.

VALMOREAU.

Elle me plaît, ce n'est pas un renseignement. Et je lui plais aussi?

MADAME AUBRAY.

Elle vous aime.

VALMOREAU.

Vous en êtes bien sûre, madame?

MADAME AUBRAY.

Elle me l'a dit.

VALMOREAU.

Elle m'a nommé?

MADAME AUBRAY.

Non, mais...

VALMOREAU, avec joie.

Mais ce n'est peut-être pas moi.

MADAME AUBRAY.

Ce ne peut être que vous, d'après les indications que vous avez données vous-même.

VALMOREAU.

Je n'y suis plus du tout. (Jeannine entre en ce moment et pousse Gaston vers madame Aubray, pendant que Camille, qui l'a vue entrer, la salue respectueusement.)

VALMOREAU, les voyant et se frappant le front.

Miss Capulet! (A madame Aubray.) C'est elle?

MADAME AUBRAY.

Je n'ai nommé personne.

VALMOREAU, sortant, bas.

Je vais faire ma malle, c'est plus sûr.

SCÈNE III.

LES MÊMES, JEANNINE, GASTON.

MADAME AUBRAY, à Jeannine.

Rien de nouveau?

JEANNINE.

Je viens de recevoir une lettre qui me demande un entretien.

MADAME AUBRAY.

Que vous avez accordé?

JEANNINE.

Ici.

MADAME AUBRAY.

Vous savez bien ce que vous avez à dire.

JEANNINE.

Oui, madame. Et rien n'est changé dans vos bienveillantes dispositions à mon égard?

MADAME AUBRAY.

Rien. Pourquoi cette vilaine question?

JEANNINE.

Je craignais que quelqu'un, depuis ma visite, ne vous eût mal parlé de moi.

MADAME AUBRAY.

Vous n'auriez fait qu'y gagner, car la seule personne qui aurait pu dire du mal de vous est la seule qui n'ait pas le droit d'en dire. A tantôt!

SCÈNE IV.

JEANNINE, GASTON.

JEANNINE.

Est-ce que je ne rêve pas? Est-ce que cette femme excellente ne se trompe pas elle-même? A-t-elle deviné et voudrait-elle...? Oh! non, c'est impossible!

GASTON.

A quoi penses-tu, maman?

JEANNINE.

A toi, mon cher petit. (Tellier entre.)

GASTON.

Maman, le prince Noir!

SCÈNE V.

LES MÊMES, TELLIER.

JEANNINE, à Gaston, voyant Tellier.

Va jouer (Il va jouer dans un coin du salon.)

TELLIER.

C'est ici que vous recevez maintenant ?

JEANNINE.

On aurait pu vous voir entrer chez moi en plein jour.

TELLIER.

Et vous craignez d'être compromise ?

JEANNINE.

Ou de vous compromettre. Ne m'avez-vous pas dit vingt fois, et hier encore, qu'il ne fallait pas que j'eusse l'air d'être connue de vous ?

TELLIER.

Je ne savais pas, alors, que vous fussiez l'amie des personnes auxquelles je faisais allusion en parlant ainsi. Recevez mes compliments, ma chère : vous avez de belles connaissances. Comment diable vous y êtes-vous prise pour vous introduire dans l'intimité d'une personne comme madame Aubray, qui ne tient pas sa porte ouverte au premier venu et qui la ferme même assez violemment au nez des gens les plus charitables ? C'est malin, ce que vous avez fait là !

JEANNINE.

Le hasard nous a mises en rapport, cette dame et moi; elle s'est intéressée à moi; j'ai commencé par lui dire que j'étais veuve; puis il m'a répugné de lui mentir, et, comme elle insistait pour continuer nos relations, je lui ai avoué la vérité. A ma grande surprise et à ma grande joie, elle m'a tendu la main, et m'a promis, à de certaines conditions que j'ai acceptées, sa pro-

tection, son amitié même. Telle est mon histoire avec madame
Aubray.

TELLIER.

Et dans votre récit, vous ne m'avez pas nommé ?

JEANNINE.

Non. Vous avez bien vu, du reste, qu'en vous rencontrant
chez elle, je n'ai pas eu l'air de savoir qui vous étiez. C'est plutôt vous qui lui avez parlé de moi.

TELLIER.

Je lui ai dit...

JEANNINE.

Ce que vous deviez lui dire.

TELLIER.

Vous savez que vous êtes très-amusante.

JEANNINE.

Parce que ?...

TELLIER.

Dieu me pardonne, vous vous prenez au sérieux.

JEANNINE.

En quoi ?

TELLIER.

Vous parlez comme une dame.

JEANNINE.

Je parle comme je pense.

TELLIER.

Alors, vous vous figurez que, parce qu'une honnête femme,
un peu hallucinée par ses idées de régénération sociale, vous a
accueillie et vous pardonne, vous vous figurez que vous voilà
devenue une femme du monde ?

JEANNINE.

Je ne me figure rien du tout, sinon que, si je puis apprendre
de cette dame à mieux penser et à mieux vivre ; si mon enfant

peut profiter de cette transformation, je serais bien coupable de ne point la tenter.

TELLIER.

Tu es adorable. (Mouvement de Jeannine.) C'est moi qui suis un maladroit et un imbécile d'avoir dit à madame Aubray ce que je lui ai dit; j'aurais dû me taire. Nous nous serions rencontrés de temps en temps chez elle, ç'aurait été bien plus commode; car tu... (autre mouvement) car vous me manquiez, le diable m'emporte! Je suis amoureux, et je le deviendrais, si je ne l'étais pas, en vous trouvant telle que je vous trouve.

JEANNINE.

Ce n'est pas ainsi que vous m'avez parlé hier.

TELLIER.

Il fallait d'abord renouer connaissance. Maintenant, voici ce que nous pourrions faire. Comme la présence de madame Aubray nous gênerait fort ici et que je ne peux pas la renvoyer, partez ce soir pour Dieppe. Là où il y a beaucoup de monde, on est toujours mieux caché. Descendez à l'hôtel *Royal* comme une vraie dame, puisque ça vous amuse d'en avoir l'air, qui vous va très-bien du reste; moi, j'y arriverai de mon côté. Nous aurons l'air de ne pas nous connaître...

JEANNINE, l'interrompant.

Je ne puis aller à Dieppe.

TELLIER.

Parce que?

JEANNINE.

Parce que je préfère rester ici.

TELLIER.

Qu'est-ce que cela veut dire?

JEANNINE.

Cela veut dire que nous ne devons plus nous revoir, ni ici, ni à Dieppe, ni autre part.

TELLIER.

Et la raison?

JEANNINE.

Et la raison est que vous êtes marié.

TELLIER.

Cette raison ne regarde que moi, et, s'il me plaît de l'oublier...

JEANNINE.

Il me plaît, à moi, de m'en souvenir.

TELLIER.

Me feriez-vous l'honneur d'être jalouse?

JEANNINE.

Oh! non!

TELLIER.

Alors, l'amour est mort?

JEANNINE.

L'amour! Vous étiez riche et désœuvré, j'étais pauvre et ignorante. J'ai été pour vous un passe-temps. Vous avez été pour moi...

TELLIER.

Une affaire?

JEANNINE.

J'allais dire un bienfait. Il eût été plus noble et plus généreux à vous de me venir en aide sans me rien demander. Cependant la plupart des hommes eussent agi comme vous. C'était à moi de préférer alors la misère à la honte, comme je la préférerais aujourd'hui.

TELLIER.

Vous avez fait un serment?

JEANNINE.

Oui.

TELLIER.

A votre amant nouveau?

JEANNINE.

Voyons, monsieur, vous ne comptez pas, je pense, me dire
des choses désagréables, vous savez bien que je ne vous en
répondrais pas. Je désire garder de vous le meilleur souvenir
possible. Je n'ai qu'un regret, c'est de ne pouvoir vous rendre
tout ce que j'ai reçu de votre générosité ; mais je puis du moins,
à partir de ce moment, ne plus rien accepter de vous. Ne vous
occupez donc plus de moi, je n'ai plus besoin de personne.

TELLIER.

Comment ferez-vous?

JEANNINE.

Cela me regarde.

TELLIER.

Et votre enfant?

JEANNINE.

Ne manquera de rien, même si je viens à mourir.

TELLIER.

C'est votre dernier mot?

JEANNINE.

Oui, sur ce sujet.

TELLIER.

Et vous voulez me faire croire...?

JEANNINE.

Je ne veux rien vous faire croire du tout. Je suis dans un
état nouveau que je n'essayerai même pas de vous expliquer.
Vous êtes un homme, vous ne comprendriez pas ces choses-là.
Il faut être une femme pour les comprendre. Dois-je tout vous
dire? Je n'ai plus aucun souvenir de ce qui s'est passé jadis. Je
vous regarde, et les traits de votre visage me semblent ceux
d'un inconnu. Vous êtes le père de mon enfant, oui, c'est vrai.
Je suis tout aussi prête à croire que vous êtes mon frère, si vous
voulez, ou un étranger, si vous continuez à me parler durement.
Il n'a fallu qu'un mot pour opérer ce miracle, pour faire de moi
une honnête femme tout à coup et à tout jamais. Voilà comme

nous sommes. Nous ne le disons pas parce que c'est difficile à croire, mais je vous assure que c'est la vérité, et que le bien est en nous au moment où nous nous y attendons le moins.

TELLIER.

Alors, vous ne voulez plus me revoir?

JEANNINE.

Non.

TELLIER.

Vous ne voulez plus même me permettre de voir cet enfant?

JEANNINE.

Cela ne vous privera guère, je pense. Je ne sais pas si vous l'avez embrassé depuis qu'il est au monde.

TELLIER.

Mais vous devez savoir, depuis que vous connaissez madame Aubray, qu'il est toujours temps de se repentir, et, grâce à vous, je comprends des devoirs que j'ignorais. Comme le mal, le bien est contagieux. Faites-moi ma part dans cette rénovation générale. S'il ne m'est plus permis de m'occuper de vous, je puis m'occuper de votre enfant.

JEANNINE.

De quelle manière?

TELLIER.

Je vais le reconnaître.

JEANNINE.

Vrai! vous feriez cela?

TELLIER.

Pourquoi non?

JEANNINE.

Mais madame Tellier ne consentira jamais.

TELLIER.

Ma femme fera tout ce que je voudrai, elle m'aime.

JEANNINE.

Faites alors. L'enfant le mérite. Si vous saviez comme il a de l'intelligence et du cœur! Vous ne le connaissez pas, c'est malheureux. Il a des réflexions au-dessus de son âge. Tous les gens qui le voient l'adorent. Quelle bonne pensée vous avez là! Un nom! (Elle appelle Gaston.) Vous permettez qu'il vous embrasse? (Gaston entre.) Embrasse monsieur. — Puis-je lui dire de vous appeler son père?

TELLIER.

Certes.

JEANNINE.

Appelle monsieur « papa ».

GASTON.

Papa! Qu'est-ce que ça veut dire?

JEANNINE.

Dis-le toujours, tu comprendras peu à peu. (Il va vers Tellier, qui le tient contre lui sans l'embrasser.) Alors, il pourra vous aller voir de temps en temps?

TELLIER.

Mais il ne me quittera même plus.

JEANNINE.

Comment, il ne vous quittera plus?

TELLIER.

Naturellement, ma chère. Vous comprenez bien que, si je donne mon nom à cet enfant, ce n'est pas pour vous le laisser élever.

JEANNINE.

Vous voulez me prendre mon fils?

TELLIER.

Oui.

JEANNINE.

Tout à fait?

TELLIER.

Tout à fait.

JEANNINE.

Vous plaisantez.

TELLIER.

Je ne plaisante pas, c'est mon droit.

JEANNINE.

Votre droit?

TELLIER.

Faites ce que je veux, ou je l'emmène.

JEANNINE.

Ah! je comprends. — Gaston, viens ici.

TELLIER, entraînant l'enfant.

Vous ne l'aurez pas.

GASTON.

Maman! (Tellier fait mine de sortir.)

JEANNINE, sautant à la gorge de Tellier.

Mais laissez cet enfant, ou je vous arrache le visage! (Il la
repousse.) Au secours!

TELLIER, repoussant l'enfant, qui tombe sur le canapé.

Mais taisez-vous donc! (Il se sauve.)

SCÈNE VI.

CAMILLE, JEANNINE, GASTON, puis VALMOREAU.

CAMILLE, entrant.

Qu'y a-t-il?

JEANNINE, qui s'est précipitée sur son enfant, à Camille.

Sauvez mon enfant, monsieur Camille, je vous en supplie.
— Gaston, qu'est-ce que tu as? Tu es blessé. Ce n'est rien, je te
le promets. Mon pauvre petit!

CAMILLE.

Oh! je vous en prie, ne pleurez pas, il n'y a aucun danger.
Une chute, sans doute.

JEANNINE.

Il ne bouge plus.

CAMILLE.

Voilà ses yeux qui s'ouvrent. Tenez, il sourit.

JEANNINE.

Gaston, c'est moi.

GASTON, prenant la tête de Jeannine dans ses bras.

Maman! (Regardant Camille et lui prenant la tête à son tour.) Papa!

CAMILLE.

Oh! tu as bien dit, cher petit ange. Ce mot n'est pas un souvenir, mais c'est un pressentiment, et je n'attendais que ce mot pour dire à ta mère...

JEANNINE.

Ne dites pas!

CAMILLE.

Je vous offense. Mais ce que j'ai à vous dire, je vous le dirais devant le monde entier. Si vous saviez...

JEANNINE.

Quelqu'un!

CAMILLE, se levant et voyant Valmoreau.

Quelqu'un? Tant mieux! car, devant quelqu'un, j'aurai le droit de vous découvrir toute mon âme. (Allant à Valmoreau et lui prenant les mains.) Tout à l'heure, vous me demandiez pourquoi j'étais si enthousiaste et si gai. Je n'ai pas voulu alors vous faire, loin de la bien-aimée de mon cœur, une confidence qui eût pu la compromettre, pas plus que je ne veux lui faire sans témoin un aveu qui pourrait la blesser. Je puis parler maintenant : j'aime, et j'aime depuis un an. Pendant toute cette année, il ne s'est point écoulé un jour, une heure, sans que cet amour fût présent à ma pensée. Je lui dois toutes mes joies et tous mes chagrins, car je croyais que celle qui me l'inspirait était la femme d'un autre et qu'elle n'avait pas plus le droit de m'aimer que je n'avais le droit de lui parler de mon amour. Elle a dit à ma mère qu'elle était veuve, libre par conséquent.

Je pourrais donc lui avouer que je l'aimais et le lui avouer à la face de tous. Voilà pourquoi je chantais tout à l'heure, voilà pourquoi je jetais à tous les vents les vers de mon poëte chéri. Voilà pourquoi je viens de courir sur les falaises, tout seul entre les nuages et les flots, parce que j'avais besoin d'espace, de liberté, d'infini, parce que mon cœur déborde, parce que j'ai vingt ans, parce que j'aime enfin, que c'est le premier amour de ma vie, que ce sera mon seul amour jusqu'à ma mort et que je voudrais le dire à la nature entière! (S'approchant de Jeannine qui est agenouillée auprès de son enfant.) C'est de vous qu'il s'agit, madame, vous le savez bien. Voulez-vous être ma femme? (Jeannine, sans changer d'attitude, remue la tête avec un signe négatif.) Vous ne m'aimez pas? (Elle reste immobile.) Vous en aimez un autre?

JEANNINE, relevant la tête et montrant ses yeux baignés
de larmes, d'une voix étouffée.

Non!

CAMILLE.

Pourquoi, alors?

JEANNINE, du même ton.

Demandez à votre mère.

CAMILLE.

Alors, si ma mère consent, vous consentirez?

JEANNINE.

Je ferai tout ce qu'elle voudra que je fasse.

CAMILLE, à Valmoreau.

Ah! mon ami, que j'ai hâte de voir ma mère!

VALMOREAU, à lui-même.

Voilà un gaillard qui va souffrir, mais je voudrais bien souffrir comme ça.

FIN DU TROISIÈME ACTE.

7

ACTE QUATRIÈME.

Même décor qu'au deuxième acte.

SCÈNE PREMIÈRE.

LUCIENNE, MADAME AUBRAY, puis BARANTIN.

MADAME AUBRAY, à Lucienne qui entre.

D'où viens-tu donc, chère enfant? Il y a deux heures que tu es sortie.

LUCIENNE, très-sérieuse.

J'avais une course très-importante à faire.

MADAME AUBRAY.

Ah! mon Dieu! Et avec qui as-tu fait cette course?

LUCIENNE.

Avec la cuisinière. Maintenant, je puis tout dire.

MADAME AUBRAY.

Il fut donc un temps où tu ne l'aurais pas pu?

LUCIENNE.

C'était un mystère. Il s'agit de Victoire, la fille de ferme de chez madame Bertrand, qui était malade quand nous sommes arrivés, et que nous avons été voir ensemble.

MADAME AUBRAY.

Je sais.

LUCIENNE.

C'est ma malade, à moi, c'est ma pauvre. Je suis allée la
voir tous les deux jours depuis notre première visite, malgré
ce que me disait madame Bertrand, qui prétendait que j'avais
bien tort de m'intéresser à cette fille et qu'elle ne méritait pas
cet intérêt. J'avais beau lui demander pourquoi, elle ne voulait
pas me le dire. Alors, j'ai interrogé Victoire et je lui ai déclaré
tout net que je voulais connaître ses torts. Elle ne voulait pas
me les dire non plus. (A Barantin, qui est entré depuis un moment et qui
a écouté Lucienne sans qu'elle l'ait vu jusqu'alors.) Tiens, tu es là, papa?

BARANTIN.

Oui. Continue ton histoire.

LUCIENNE.

Tu as entendu le commencement, alors?

BARANTIN.

Oui, oui. va!

LUCIENNE.

J'ai donc dit à Victoire : « Vous allez tout me raconter ou je
ne viendrai plus vous voir, et je ne m'occuperai plus de vous,
ni petite mère non plus. » Elle a bien vu que je ne plaisantais
pas. Alors, elle m'a dit la vérité. Elle avait un amant.

MADAME AUBRAY, du ton le plus naturel.

Ah!

BARANTIN, sur un autre ton.

Ah!

LUCIENNE.

Et, au lieu de travailler, elle aimait mieux aller se promener
dans les champs avec Bénédict... Il s'appelle Bénédict.

MADAME AUBRAY.

C'était très-mal.

LUCIENNE.

Certainement, c'était très-mal, je le lui ai dit. Elle pouvait
bien attendre, pour aller se promener, que sa besogne fût ter-

minée. Après, on ne lui aurait plus rien dit; et puis ça le dérangeait, lui aussi.

MADAME AUBRAY.

Qu'est-ce qu'il fait?

LUCIENNE.

Il est jardinier chez M. Montagnan, le propriétaire du château qui est à mi-côte. Et, un beau jour, Bénédict a déclaré à Victoire qu'il ne voulait plus aller se promener avec elle, et que décidément il ne l'épouserait pas. Alors, tu penses quel chagrin a eu Victoire à cette nouvelle-là. Elle n'a plus dormi, et puis elle n'a plus mangé, et puis elle n'a plus travaillé. La fermière l'a mise dehors, et voilà comment elle est tombée malade. Qu'est-ce que j'ai fait aujourd'hui, quand j'ai su tout ça? Je suis allée trouver Bénédict. Il ne comprenait pas ce que je lui voulais, et, quand il l'a compris, ne m'a-t-il pas dit que je devrais être honteuse de m'occuper de pareilles choses, que ce n'était pas de mon âge!

BARANTIN.

Ce n'était pas bête, ce qu'il disait, ce Bénédict.

LUCIENNE.

Tu dis, papa?

BARANTIN.

Va toujours, va!

LUCIENNE.

Je lui ai répondu que je me mêlais de ce qui me regardait, que je savais bien ce que j'avais à faire, et cætera... et cætera, tu peux te fier à moi, et il s'est tu. La vérité, c'est qu'il aimait mieux épouser une autre fille qui a de l'argent. Alors, je suis allée chez M. Montagnan, et je lui ai tout raconté.

MADAME AUBRAY.

Quel âge a-t-il, ce M. Montagnan?

LUCIENNE.

Je ne sais pas, mais il n'a plus beaucoup de cheveux, et ceux qu'il a sont gris.

BARANTIN.

Qu'est-ce que tu lui as dit, à ce monsieur?

LUCIENNE.

Il n'était pas seul; mais ça ne m'a pas embarrassée. J'étais
si indignée! Il y avait avec lui un autre monsieur qui devait
être son fils; un grand jeune homme brun, avec des moustaches. Je lui ai dit, au père : « Monsieur, vous avez un jardinier
qui a promis à une pauvre fille nommée Victoire, employée à la
ferme d'Étennemare, de l'épouser. Il allait même souvent se promener avec elle, en attendant. Maintenant, il refuse d'exécuter
sa promesse, et il préfère en épouser une autre qui est plus
riche. C'est très-laid, et je viens de lui en dire ma façon de
penser. Mais je n'ai rien obtenu que des paroles aussi méchantes
que ses actions. Alors, je m'adresse à vous pour que vous le
forciez de tenir ses serments. »

MADAME AUBRAY.

Qu'est-ce qu'ils ont dit, ces messieurs?

LUCIENNE.

Ils ont tant ri, tant ri, quand j'ai eu fini, que je ne me rap-
pelle pas avoir jamais entendu tant rire. Mais, tout à coup,
M. Montagnan est devenu très-sérieux. Il s'est levé, il m'a demandé la permission de me baiser le bout des doigts, et il m'a
dit : « Mademoiselle, je sais qui vous êtes, et je vous remercie
du plaisir et de l'honneur que vous venez de me faire. Bénédict
épousera Victoire, c'est moi qui vous le promets. Dites-le de
ma part à madame Aubray et assurez-la en même temps de tout
mon respect. Du reste, j'aurai l'honneur de lui rendre visite pour
la mettre au courant de tout ce qui se passera. » Puis il s'est tourné
vers son fils et lui a dit en anglais : « Voilà une femme comme
il t'en faudrait une. » C'est moi, alors, qui ai eu envie de rire;
mais je n'ai pas ri, car je ne voulais pas laisser voir que je com-
prenais l'anglais. Il m'a reconduite jusqu'à la grille, je lui ai fait
ma plus belle révérence, la troisième, et me voilà!

BARANTIN, à madame Aubray.

Elle a eu du bonheur d'en être quitte à si bon marché!

MADAME AUBRAY.

Si les anges ont des ailes, mon cher, c'est pour passer au-
dessus de ces choses-là.

BARANTIN.

C'est très-bien, chère enfant; mais, une autre fois, tu n'iras
plus faire de ces visites sans madame Aubray.

LUCIENNE.

Pourquoi?

BARANTIN.

Parce que c'est elle qui t'a appris à faire le bien, et qu'il ne
faut pas le faire toute seule; ce serait de l'égoïsme.

MADAME AUBRAY.

Et puis, un petit détail de la langue française. Quand on
parle d'un homme qui a promis à une jeune fille de l'épouser, il
ne faut pas l'appeler son « amant », mais son fiancé.

LUCIENNE.

Victoire a dit « amant ».

MADAME AUBRAY.

Parce que Victoire est une campagnarde qui ne parle pas
bien.

BARANTIN.

Oui, « amant, » c'est du patois...

CAMILLE, entrant.

Lucienne!

LUCIENNE.

Qu'est-ce que tu me veux?

CAMILLE.

J'ai à te parler. Tu permets, ma chère mère?

LUCIENNE.

Dis.

CAMILLE, à Lucienne.

Nous avons été élevés ensemble depuis dix ans, et, depuis dix ans, on nous a dit et nous nous sommes dit que nous nous marierions un jour.

LUCIENNE.

Eh bien, est-ce que tu as changé d'avis?

CAMILLE.

J'aime une autre personne que toi.

LUCIENNE.

Il y a donc décidément plusieurs manières d'aimer?

CAMILLE.

Oui.

LUCIENNE.

Pourquoi me parles-tu de cela?

CAMILLE.

Parce que je ne veux pas me marier sans ton consentement.

LUCIENNE.

N'es-tu pas ton maître? As-tu dit à cette personne que tu l'aimais?

CAMILLE.

Je viens de le lui dire.

LUCIENNE.

Tu es son fiancé, alors?

CAMILLE.

Oui.

LUCIENNE.

Eh bien, mon ami, il faut l'épouser.

CAMILLE.

Embrasse-moi.

LUCIENNE.

De grand cœur. (Pendant qu'ils s'embrassent, Lucienne essuie une larme, sans que Camille le voie.) Et tu vas annoncer cette nouvelle à ta mère?

CAMILLE.

Oui.

LUCIENNE.

Je te laisse. Veux-tu que j'emmène papa?

CAMILLE.

Non. Il n'est pas de trop.

BARANTIN.

Encore un secret?

LUCIENNE.

Oui, mais, celui-là, je ne puis le dire. (Elle sort.)

SCÈNE II.

MADAME AUBRAY, CAMILLE, BARANTIN.

CAMILLE.

Assieds-toi là, chère maman, et reçois ma confession, dont Barantin connaît déjà la moitié. Je viens te demander ton consentement.

MADAME AUBRAY.

A quoi?

CAMILLE.

A mon mariage.

MADAME AUBRAY.

A ton mariage?

CAMILLE.

Et je te demande, en même temps, de me pardonner si je ne t'en ai pas parlé plus tôt.

MADAME AUBRAY.

Parle, mon enfant, parle!

CAMILLE.

J'aime.

MADAME AUBRAY.

Et Lucienne?

CAMILLE.

Sera toujours ma sœur, car elle n'a elle-même pour moi

qu'une affection toute fraternelle, la seule qu'elle puisse connaître à son âge.

MADAME AUBRAY.

Et la personne que tu aimes, je la connais sans doute?

CAMILLE.

Oui.

MADAME AUBRAY.

Et tu l'aimes depuis?...

CAMILLE.

Depuis un an.

MADAME AUBRAY.

Alors, tu sais bien ce que tu fais ?

CAMILLE.

Oui.

MADAME AUBRAY.

Permets-moi de te demander, mon cher enfant, comment, dans les termes où nous en sommes ensemble, tu ne m'as pas fait la confidence avant la confession.

CAMILLE.

Je croyais cette personne mariée.

MADAME AUBRAY.

Et aujourd'hui ?

CAMILLE.

Je sais qu'elle est veuve.

MADAME AUBRAY.

C'est une veuve que tu veux épouser ?

CAMILLE.

Oui.

MADAME AUBRAY.

Cela est grave, mon enfant.

CAMILLE.

Quel homme n'eût été heureux et fier de devenir l'époux d'une veuve comme toi !

MADAME AUBRAY.

Mais, moi, j'étais de ces veuves qui ne se remarient pas.

CAMILLE.

Tout le monde n'a pas ta force.

MADAME AUBRAY.

Et puis, à ton âge!

CAMILLE.

Elle est plus jeune que moi. Elle a l'air d'une enfant.

MADAME AUBRAY.

Et elle t'aime?

CAMILLE.

Oui.

MADAME AUBRAY.

Comment le sais-tu?

CAMILLE.

Elle m'a autorisé à te demander ton consentement. Cela suffit.

MADAME AUBRAY.

Ce consentement, tu l'auras; car tu es un homme déjà trop sérieux pour ne pas bien savoir ce que tu veux et ce que tu fais. Le nom de cette dame?

CAMILLE.

Tu la connais depuis longtemps. C'est cette dame que tu m'as fait si souvent remarquer sur la plage, que tu n'avais pu voir sans t'intéresser à elle et que tu as si bien accueillie.

MADAME AUBRAY.

La mère du petit Gaston?

CAMILLE.

Oui.

MADAME AUBRAY.

C'est celle que tu veux épouser?

CAMILLE.

Oui. (Barantin est très-attentif.)

MADAME AUBRAY.

Et elle t'a dit de venir me demander mon consentement?

CAMILLE.

Elle m'a dit qu'elle ferait ce que tu voudrais qu'elle fit.

MADAME AUBRAY.

Alors, cet homme qu'elle m'a dit aimer, c'était toi?

CAMILLE, avec joie.

Elle te l'a dit?

BARANTIN.

Mais ta mère, qui m'a raconté toute cette histoire, avait cru qu'il s'agissait d'un autre.

CAMILLE.

Eh bien, ma mère, que répondrai-je?

MADAME AUBRAY.

Je refuse.

CAMILLE, étonné.

Aujourd'hui, mais plus tard?

MADAME AUBRAY

Plus tard comme aujourd'hui.

CAMILLE.

Pourquoi?

MADAME AUBRAY.

Demande à Barantin si c'est possible.

BARANTIN.

Ta mère a raison. mon ami, tu ne peux pas épouser cette femme.

CAMILLE.

Cette femme! Qu'a-t-elle donc fait?

MADAME AUBRAY.

C'est celle dont je parlais il y a deux heures à M. Valmoreau, pendant que tu étais là.

CAMILLE.

Cette jeune fille qui a commis une faute?

MADAME AUBRAY.

C'est elle.

CAMILLE, après une violente secousse.

Tu trouvais très-bien qu'un autre l'épousât.

MADAME AUBRAY.

Cet autre n'est pas toi.

BARANTIN, à part.

Allons donc! nous y voilà!

MADAME AUBRAY.

Et tu as vu combien ce jeune homme se révoltait à cette proposition ?

CAMILLE.

Et tu as vu, ma mère, que je la trouvais toute simple, moi qui ai été élevé dans d'autres idées que lui ; et, quand il m'a demandé si je ferais, moi, ce que tu lui conseillais de faire, ce que j'ai répondu. Et toi même...

BARANTIN, à part.

Sortez de là, maintenant.

CAMILLE.

Quels sont les ordres de ma mère? car, si mes sentiments ne dépendent que de moi seul, mes actes, en cette matière, dépendent de toi.

MADAME AUBRAY.

Je n'ai pas d'ordres à te donner, mais des conseils seulement.

CAMILLE.

Des conseils, des exemples, des principes, il y a vingt ans que

tu m'en donnes; ce que je suis, ce que je suis fier d'être, c'est
toi qui l'as fait. Je n'ai plus à discuter ce que tu m'as appris,
je n'ai plus qu'à le démentir ou à le prouver. Laisse-moi seulement t'adresser une question.

MADAME AUBRAY.

Parle.

CAMILLE.

Cette faute, qui t'en a fait la confidence?

MADAME AUBRAY.

La coupable elle-même.

CAMILLE.

Sachant que tu étais ma mère?

MADAME AUBRAY.

Sachant que j'étais ta mère.

CAMILLE.

Et rien ne l'y forçait?

MADAME AUBRAY.

Rien.

CAMILLE.

C'est la seule faute qu'elle ait commise?

MADAME AUBRAY.

Elle me l'a dit, du moins.

CAMILLE.

La crois-tu?

MADAME AUBRAY.

Je la crois.

CAMILLE.

Cette faute avait pour excuse?...

MADAME AUBRAY.

La pauvreté,... la solitude, l'ignorance.

CAMILLE.

Tu connais cet homme?

MADAME AUBRAY.

Non.

CAMILLE.

C'est un misérable!

MADAME AUBRAY.

C'est un oisif.

CAMILLE.

Et cependant, depuis cet aveu, tu consentais à recevoir cette femme. Tu l'absolvais donc. Tu l'estimais donc. Quand elle t'a appris qu'elle aimait quelqu'un, lui as-tu conseillé de renoncer à cet amour? Lui as-tu dit que le cœur de l'homme doit être impitoyable, que le repentir est vrai peut-être, mais que le pardon ne l'est pas? Lui as-tu dit de désespérer, de douter de tout enfin? Non, n'est-ce pas? Tu ne serais pas celle que tu es si tu disais de pareilles choses aux malheureux et aux repentants. Alors, tu l'as donc trompée en l'encourageant à aimer encore, et voilà pourquoi elle pleurait tout à l'heure, car elle avait compris que tu l'avais trompée ou plutôt que tu t'étais trompée toi-même, et voilà pourquoi, moi, je pleure à mon tour.

MADAME AUBRAY.

Comme il l'aime!

CAMILLE, essuyant ses yeux.

Eh bien, ma mère, pour la dernière fois, je te demande ton consentement. J'aime cette femme et je suis prêt à être son époux.

MADAME AUBRAY.

Tu me demandes une chose impossible. J'en appelle à toutes les mères!

CAMILLE.

Ainsi, j'ai donné le conseil, et je ne donnerai pas l'exemple. C'est bien. (Il va pour sortir.)

MADAME AUBRAY.

Où vas-tu?

CAMILLE.

Je vais travailler. Que veux-tu que je fasse?

MADAME AUBRAY.

Dans un an, tu auras vingt-cinq ans et tu seras libre.

CAMILLE.

Oh! ma mère, pourquoi veux-tu me faire encore plus de
peine que je n'en ai? Tu sais bien que je n'épouserai jamais une
femme dont tu ne feras pas ta fille, et, d'ailleurs, je ne me ma-
rierai jamais. Des grandes idées que j'ai reçues de toi, il me
restera une compassion générale pour les misères d'autrui et le
droit de me dépenser pour tout le monde sans me sacrifier
tout à fait pour personne. Je saurai au fond que la vertu a
des bornes, que le bien a des limites, et je glorifierai les sentiments en ajournant toujours la preuve, pour n'avoir pas à discuter avec ma conscience. J'arriverai ainsi à la fin de la vie,
peut-être avec quelque hâte d'atteindre au dernier moment, et
d'aller savoir, de l'autre côté de la terre, si la vérité est dans la
parole divine ou dans les interprétations de l'homme. Puissé-je
ne pas trouver alors la grande déception que je subis aujourd'hui
et ne pas être forcé de reconnaître, au delà comme en deçà de la
vie, l'impuissance de l'âme humaine. Quoi qu'il en soit, si je n'ai
pas donné l'exemple des grands sacrifices que je me croyais et
me sentais le devoir et le droit de donner, c'est que j'aurai dû
les soumettre au respect filial. En attendant, je souffre beaucoup
dans mon cœur et dans mes convictions. Je ne ferai pourtant rien
pour revoir cette femme, comme on l'appelle ici, puisqu'elle a
accepté d'avance ton jugement; mais, si tu la vois, dis-lui,
comme tu sais dire ces choses-là, qu'il faut décidément, dans ce
monde, immoler certains principes éternels à certains devoirs
sociaux, et que, ne pouvant prouver mon amour pour elle que
par ma désobéissance envers toi, il ne m'était pas permis d'hé-
siter. (Il sort.)

SCÈNE III.

MADAME AUBRAY, BARANTIN.

Madame Aubray regarde la porte par laquelle est sorti son fils, puis elle se promène avec agitation. Barantin se tait et met des papiers en ordre. Elle le regarde un moment. On sent qu'elle voudrait l'interroger. Il n'a pas l'air de la voir d'abord, puis il la regarde avec un mouvement de la tête et des bras qui doit signifier : Cela devait arriver! Enfin, scène muette où les personnages ne se disent rien, parce que le public et eux-mêmes savent trop bien ce qu'ils pourraient se dire.

BARANTIN, *voyant entrer Valmoreau, et montrant la porte de droite.*

Je suis là. (Il sort.)

SCÈNE IV.

MADAME AUBRAY, VALMOREAU.

VALMOREAU.

Vous êtes émue, madame?

MADAME AUBRAY.

En effet, monsieur.

VALMOREAU.

Je le suis aussi, et sans doute pour la même cause, car, tandis que vous aviez une explication avec M. Camille, moi, j'accompagnais cette jeune dame chez elle, et je recevais ses confidences. Elle n'a en rien provoqué les événements, je puis en témoigner. Ce n'est pas une personne ordinaire et vous aviez raison, madame, de vous intéresser à elle. Cependant, elle ne se fait aucune illusion. Elle sait bien que les rêves de M. Camille sont irréalisables.

MADAME AUBRAY.

N'est-ce pas, monsieur?

VALMOREAU.

Oui et non. Ils sont irréalisables pour M. Camille, à son âge et dans sa position. Ils ne le seraient peut-être pas pour un autre homme, d'un autre âge et dans une position différente, et la preuve, madame, c'est que, ce matin même, vous m'avez conseillé ce mariage que vous déclarez impossible.

MADAME AUBRAY.

Est-ce un reproche, monsieur?

VALMOREAU.

Dieu me garde de me le permettre, madame. Je suis très-sérieux, plus sérieux même que je n'aurais cru pouvoir le devenir. Toutes ces idées que j'entends développer, les larmes, le repentir, la résignation de cette jeune femme, ces luttes nouvelles pour moi, ces grandes questions de morale et de responsabilité, tout cela m'a remué, transformé même. J'ai pour ainsi dire le vertige du bien. Tout tourne autour de moi, et je me sens prêt à accomplir un acte sublime et insensé. Tenez, madame, dites-moi encore d'épouser votre protégée, et je l'épouse.

MADAME AUBRAY.

Y consent-elle déjà?

VALMOREAU.

Elle ne soupçonne pas un mot de ce que je vous dis; mais elle va être très-malheureuse. Elle n'a plus d'appui, elle n'a plus de ressources. Elle a dit qu'elle ferait tout ce que vous ordonneriez. Ordonnez-lui d'être ma femme, cela conciliera tout.

MADAME AUBRAY., à part.

Cet homme vaut mieux que moi. (Haut.) Ce conseil que je vous donnais ce matin, je n'ai plus le droit de vous le donner maintenant. J'ai même à vous demander pardon, monsieur, d'avoir voulu disposer si facilement de votre cœur et de votre nom, et de n'avoir pas trouvé, lorsqu'il s'agissait de vous, les arguments indiscutables qui se sont présentés lorsqu'il s'est agi de mon fils. C'est en toute humilité que je vous fais mes excuses.

8

VALMOREAU.

Madame !

MADAME AUBRAY.

Je suis très-troublée, monsieur, je ne vous le cacherai pas. Je suis plus que troublée, je suis honteuse, humiliée de ce qui se passe. Je me croyais plus forte, ou je devrais être plus faible. Cependant, monsieur, dites-moi si à ma place vous feriez ce que je fais ?

VALMOREAU.

Moi, madame, je ne saurais être ni juge ni même arbitre dans les questions de conscience d'une personne comme vous. Ayant vécu comme je l'ai fait, et devenu père, je ferais ce que vous faites; mais, à votre place, je ne sais pas, je ne puis pas savoir ce que je devrais faire.

MADAME AUBRAY.

Vous avez raison, monsieur. Je suis coupable. Je me suis trompée en quelque chose, et pour la première fois de ma vie je ne m'entends plus avec moi-même. Si j'étais vraiment la chrétienne que je croyais être, à cette heure, mon fils serait l'époux de cette malheureuse enfant; je ne le suis pas. Voyons, monsieur, aidez-moi par un moyen quelconque, qui ne soit pas à votre détriment, à calmer mes scrupules. Cherchons ensemble ce que je puis faire pour Jeannine; quoi que ce soit, je le ferai.

VALMOREAU.

Nous le trouverons peut-être quand elle sera là. Elle l'a peut-être trouvé elle-même. Elle va venir.

MADAME AUBRAY.

Elle va venir?

VALMOREAU.

Elle m'a dit qu'elle voulait vous voir une dernière fois.

MADAME AUBRAY.

La voici.

SCÈNE V.

Les Mêmes, JEANNINE.

JEANNINE, s'approchant de madame Aubray et s'agenouillant à demi
en lui prenant la main.

Pardonnez-moi, madame, les émotions que je vous ai données depuis une heure et le chagrin que je vous cause en échange des bontés que vous avez eues pour moi. Je vous affirme que ma volonté n'y est pour rien. Les événements nous ont entraînés, votre fils et moi; mais, en lui conseillant la démarche qu'il a faite, je prévoyais votre réponse.

MADAME AUBRAY.

Ma réponse a modifié les projets de Camille, mais non ses sentiments. Il ne peut être votre époux, mais j'espère qu'un jour il pourra être votre ami. En attendant, il est très-malheureux.

JEANNINE.

Moi, je ne me plaindrai pas. Je n'ai pas le droit de me plaindre, bien que mon malheur me vienne de vous, madame, bien plus que son malheur ne lui vient de moi.

MADAME AUBRAY.

Comment cela?

JEANNINE.

Je ne vous connaissais pas, madame, et je ne me serais jamais permis d'essayer de vous connaître. C'est vous qui êtes venue la première à moi. Vous ai-je menti ou vous ai-je dit tout de suite qui j'étais et ce que j'étais? Vous m'avez ouvert votre maison, vous m'avez promis le pardon de Dieu et l'amour de celui que j'aimais! — J'aurais dû vous dire que celui-là était votre fils. — A quoi bon, puisque je ne voulais jamais lui révéler mes sentiments, puisque je voulais me les cacher à moi-même, puisque je me contentais du bonheur de le voir passer dans ma route et de me sentir aimée tout en méritant de ne pas l'être? Permettez-moi de vous le dire, madame, avec tout le respect que je vous dois, c'était à vous de prévoir ce qui arrive. C'était hier qu'il fallait me fermer votre porte.

MADAME AUBRAY.

Vous m'accusez?

JEANNINE.

Non, madame; mais pourquoi m'avez-vous inspiré l'idée du bien, puisque j'étais si tranquille dans le mal! Enfin, ce n'est plus de cela qu'il s'agit. Il faut à tout prix rendre la sécurité à votre famille, et le repos à votre conscience maternelle. Que voulez-vous que je fasse? Voulez-vous que je meure pour que votre fils m'oublie? La mort, c'est ce qui sépare le mieux, et puis, quand on a déjà rompu avec l'honneur, il y a bien moins à faire pour rompre avec la vie. Dites-moi seulement, de vous à moi, que cela sera utile au bonheur de M. Camille, personne n'en saura rien, et je vous promets de mourir en souriant.

MADAME AUBRAY.

Qu'osez-vous me proposer?

JEANNINE.

Je vous propose les moyens de la terre, vous les repoussez. Vous voulez que je vive? Eh bien, rassurez-vous, madame, malgré la solitude à laquelle vous me rendez, comme cela est votre droit, je vivrai en vous vénérant et en vous aimant. Une femme comme moi n'aura pas impunément passé dans la vie lumineuse d'une femme comme vous, sans en emporter un rayon qui l'éclaire à jamais. Soyez bénie pour le jour nouveau que vous avez fait lever en moi, pour les bonnes paroles que vous m'avez dites, pour les vérités que vous m'avez apprises! Je les reconnais absolues; je les sens éternelles, quoi qu'il arrive; et c'est au nom de ces vérités que j'immolerai mon bonheur au vôtre et que je deviendrai ou plutôt que je resterai une honnête femme. Je vous le jure sur la tête de mon petit enfant. C'est impie, de jurer, je le sais; mais les coupables ont besoin d'une formule qui les engage aux yeux de ceux qui sont en droit de

douter de leurs paroles. — Monsieur Valmoreau, voulez-vous
appeler M. Camille? (Valmoreau sort.) Oui, madame, avant de quit-
ter cette maison, je veux vous rendre votre fils, et vous le rendre
pour toujours. Dieu pardonnera le moyen en faveur de la cause
et surtout du résultat. (Camille paraît avec Valmoreau. Barantin est entré
depuis quelques instants et a entendu la fin de la scène précédente.)

SCÈNE VI.

Les Mêmes, CAMILLE, BARANTIN, puis LUCIENNE.

JEANNINE.

Monsieur Camille, devant votre mère et devant vos amis, je
veux vous donner une explication devenue indispensable. Madame
Aubray vient de me dire que, malgré les révélations qu'elle vous
a faites sur moi, vous m'aimez encore et que vous êtes encore
prêt à me donner votre nom, sans reproches, sans regrets, sans
honte. Est-ce vrai?

CAMILLE.

C'est vrai.

JEANNINE.

Il faut donc que vous connaissiez toute la vérité; elle vous
permettra de me mépriser, ou de m'oublier simplement, si vous
avez encore un peu de pitié pour moi. La faute que vous me
pardonnez, parce que vous la croyez unique dans ma vie, n'est
pas la seule que j'aie commise.

MADAME AUBRAY.

Que dit-elle?

JEANNINE, à madame Aubray.

Du courage! (Haut.) A côté de cette faute qui a une excuse dans
la misère, il y en a d'autres qui n'ont pour cause que la fantaisie
et le desordre. Certaines femmes en arrivent à ne plus rougir

des faits e à ne plus se souvenir des noms. J'ai été une de ces femmes. Je vous l'avoue et je vous quitte. Soyez sans regrets, monsieur Camille, je ne vous ai même pas aimé!

MADAME AUBRAY, ne pouvant plus retenir le cri de sa conscience.

Elle ment!...

JEANNINE.

Madame!...

MADAME AUBRAY.

Épouse-la!

JEANNINE, se jetant dans les bras de madame Aubray, avec un cri
déchirant.

Ah!

MADAME AUBRAY, la tenant dans ses bras.

Me faire complice du mensonge, même pour sauver mon fils! était-ce possible! Quel châtiment de mes hésitations Dieu m'a infligé là! — Vous êtes ma fille!

LUCIENNE, entrant sur ces derniers mots.

Je vous aimerai bien.

MADAME AUBRAY, à Barantin.

Eh bien, elle est venue, la lutte. Je l'ai accompli, le sacrifice, et je suis fière d'avoir été choisie pour tenter la réhabilitation de la femme. J'aurai la joie d'avoir été la première.

BARANTIN.

Et le chagrin d'avoir été la seule.

MADAME AUBRAY.

Homme de peu de foi!

VALMOREAU, à Barantin.

Ce que vient de faire madame Aubray est admirable.

BARANTIN.

Oui!... mais, comme vous dites, vous autres, c'est raide!

FIN.

PARIS. — J. CLAYE, IMPRIMEUR, RUE SAINT-BENOIT, 7.

www.ingramcontent.com/pod-product-compliance
Lightning Source LLC
LaVergne TN
LVHW021848170726
843503LV00003B/1117